UM GOSTO AMARGO DE BALA

Vera Gertel

UM GOSTO AMARGO DE BALA

CIVILIZAÇÃO BRASILEIRA

2013

Copyright © Vera Gertel, 2012

Projeto gráfico e diagramação de miolo:
Miriam Lerner

Fotos do encarte:
Não foi possível identificar a autoria de algumas fotos publicadas no livro. A editora se compromete a dar os devidos créditos numa eventual próxima edição, casos os fotógrafos comprovem sua autoria.

CIP-BRASIL. CATALOGAÇÃO NA FONTE
SINDICATO NACIONAL DOS EDITORES DE LIVROS, RJ

G329g

Gertel, Vera, 1937-
    Um gosto amargo de bala / Vera Gertel. - 1.ed. - Rio de Janeiro : Civilização Brasileira, 2013.
    ISBN 978-85-200-1136-2

1. Gertel, Vera, 1937- 2. Atrizes - Brasil - Biografia. I. Título.

12-6670.   CDD: 927.92028
                                                      CDU: 929.792.071.2.028

Este livro foi revisado segundo o novo Acordo Ortográfico da Língua Portuguesa

Todos os direitos reservados. É proibido reproduzir, armazenar ou transmitir partes deste livro, através de quaisquer meios, sem prévia autorização por escrito.

Direitos desta edição adquiridos
EDITORA CIVILIZAÇÃO BRASILEIRA
Um selo da
EDITORA JOSÉ OLYMPIO LTDA.
Rua Argentina, 171 – Rio de Janeiro, RJ – 20921-380 – Tel.: 2585-2000.

Seja um leitor preferencial Record.
Cadastre-se e receba informações sobre nossos lançamentos e nossas promoções.

Atendimento e venda direta ao leitor:
mdireto@record.com.br ou (21) 2585-2002.

Impresso no Brasil
2013

Para meu filho

... No te olvides de olvidar el olvido
Juan Gelman,

poeta argentino que teve o filho de 20 anos e a nora
grávida de oito meses sequestrados e assassinados pela
última ditadura militar do país. A neta, nascida na prisão,
foi sequestrada e só encontrada pelo avô aos 23 anos.
O verso citado acima faz parte do poema "Bajo la lluvia
ajena (notas al pie de una derrota)", Roma, maio de 1980.

Haja hoje para tanto ontem.
Paulo Leminski

Capítulo I

—Você é paulista ou carioca?

A resposta nunca vem fácil.

Disfarço, suspiro, engreno um "É que...", até que a cara de espanto do interlocutor pela demora na resposta faz com que me sinta num banco de réus.

E até agora não entendi por que naquele dia papai correu o risco de me registrar. Já estava com dois anos, mas, quando se vem ao mundo de pais comunistas em plena ditadura do Estado Novo, melhor é ignorar cartórios e registros, fingir que não se existe. Éramos tão clandestinos que qualquer tentativa de legalizar o que quer que fosse seria uma temeridade. A ideia só podia ter partido de mamãe, com seus poderes mágicos de sempre prever o pior.

Morávamos numa casinha geminada no bairro carioca do Grajaú, porta e janela dando para a calçada. Sala, quarto, banheiro, tudo enfileirado num corredor que terminava na cozinha e num pequeno quintal aos fundos. Nasci em outra casa bastante parecida, só que na paulista Quinta Parada, um bairro proletário pobre, esquecido à margem direita da quinta parada do trem da Central que saía da estação Roosevelt, no Brás; a mesma onde meus pais haviam se casado dois anos antes, durante a Intentona Comunista em novembro de 1935. A casa pertencia à tia Isaura, irmã de minha mãe.

Ao contrário do registro que nunca me fizera falta, nome eu tive desde que vim ao mundo: Anéli — uma homenagem de minha mãe à falecida ANL, enterrada pela repressão em julho de 1935 com apenas quatro meses de existência. Sob a sigla da Aliança Nacional Libertadora formara-se uma frente de oposição à Ditadura Vargas (como era chamada) com o lema "Pão, Terra e Liberdade". Embora de inspiração comunista, era bastante ampla, incluindo cidadãos progressistas e organizações populares de luta. A direção era composta tanto por militares, que dez anos antes tinham lutado na Coluna Prestes, quanto por civis, como Francisco Mangabeira, Abguar Bastos, Rubem Braga e Caio Prado Júnior, este membro de uma das mais ricas e tradicionais famílias paulistas. Todos atuavam em torno de um programa que pregava "anulação dos débitos às nações imperialistas, nacionalização das empresas públicas, distribuição das propriedades feudais entre camponeses e proteção ao pequeno e médio proprietário". Qualquer semelhança... não é mera coincidência.

Entusiasta dessa frente, meu pai, um judeu do Bom Retiro — bairro da capital paulista ocupado pela colônia judaica de emigrados — e aluno de Direito do largo de São Francisco, fora vice-presidente do diretório regional da ANL e membro da Juventude Comunista. Obrigado a abandonar os estudos após duas prisões, transferiu-se para o Rio de Janeiro e assumiu um cargo na direção do Partido Comunista do Brasil com apenas 23 anos — a maioria do Comitê Central pós-Intentona estava atrás das grades, e o restante, em queda acelerada.

Minha mãe era tecelã. Entrou para o Partido ao descobrir que, nele, sua detestada condição de operária causava admiração e respeito como protagonista da revolução proletária — na época, a única classe capaz de conquistar a almejada igualdade social, segundo todos os partidos marxistas do mundo.

Meus pais se descobriram apaixonados naquela apaixonante militância e se casaram durante a Insurreição Comunista, que provocou uma repressão brutal sob o comando do sanguinário chefe de Polícia do Distrito Federal, Filinto Müller, com prisões, torturas, mortes e desaparecimentos de militantes do PCB e de outros líderes populares.

Se o cenário de violência de Estado contra quaisquer combatentes do povo não constituía novidade no Terceiro Mundo, a diferença é que, após a Revolução Soviética de 1917, as maiores vítimas passaram a ser os comunistas, denunciados como agitadores, traidores da pátria e foras da lei. Yolanda Prado, na biografia de seu pai, Caio Prado Júnior, escrita por Paulo Iumati, conta sobre a época: "Eu me lembro de jogarem pedra em nós na rua. [...] O pessoal gritava: 'filha de comunista.'"

Os camaradas que frequentavam a casa do bairro carioca Grajaú preferiam me chamar de Néli ou Nelinha — apelido bem mais fácil que o inusitado nome Anéli. Sendo de família comunista, por coerência, passei longe da pia batismal, mas não deixei de ter um padrinho: Joaquim Câmara Ferreira, que se outorgou como tal.

Apesar da atribulada clandestinidade, lá foi meu pai um dia me registrar. Sempre cuidando em não ser apanhado, escolheu o mais distante dos cartórios. E, após muito despiste em sobe e desce de bondes, junto com o companheiro Jorge Silveira Martins (comuna de rica e aristocrática família carioca), que serviria de testemunha, alcançou o destino.

Diante do escrivão, hesitou:

— Nome da criança?

Silêncio. Sem graça, Silveira ainda quis responder, mas, como não lhe cabia, ficou quieto. E o escrivão resolveu adiantar o serviço:

— Nasceu onde?

— No Estácio, Distrito Federal [mentira].

— Endereço?

— Rua São Carlos, 43 [mentira].

— Nome dos pais?

— Noé Gertel e Raquel da Silva [?].

— Já resolveu o nome da criança?

— Vera.

Atônito, Silveira só ficou sabendo por que o nome da menina fora mudado no sobe e desce de bondes durante a volta para casa: é que Anéli poderia levantar suspeitas.

Ia ser difícil enfrentar Raquel — uma gói com nome de judia. Um esquecimento, porém (ou teria sido um ato falho?), serviria de atenuante para a troca do nome da filha: o Gertel não aparecia na certidão como sobrenome de casada da mãe que, dessa forma, passou a figurar como solteira em todos os documentos da filha — o que Raquel jamais perdoou. Quanto ao nome Vera, achou que dos males era o menor:

— Ainda bem que não foi Sebastiana.

Capítulo II

O único ônibus que se arrastava lotado de madrugada pela Quinta Parada lembrava um daqueles *buses* bolivianos com gente saindo pelo ladrão, ou melhor, pela janela. Assim que despontava resfolegante pela rua principal, levantando poeira no tempo seco ou derrapando na lama no molhado, Raquel se aprumava, depois de cochilar recostada no poste de madeira que fazia as vezes de ponto de parada; penteava os cabelos com os dedos, beliscava as maçãs do rosto para obter um rosado e se entregava a um ritual que podia ser repetido inúmeras vezes ao longo do dia: deslizava o polegar e o indicador da mão direita pelo nariz para afinar sua ponta. Era bonita.

Defendia-se como podia. O amassado da roupa era passado com as palmas das mãos, enquanto a terra ou a lama dos sapatos era expulsa chutando o poste. Dentro do sacolejante e entupido ônibus, conseguia viajar sentada por causa de um soldado mulato, com quem flertava com aquele único intuito. Iam até o Tatuapé, onde Raquel e a irmã Isaura pegavam um bonde até o Brás, para atender ao apito da fábrica de tecidos às 7h da manhã.

Como odiava aquela rotina! Quando a iniciou, aos 14 anos, já sabia que não suportaria aquela vida. Levantar às 4h da manhã, passar o dia em pé ao tear, retornar às 9h da noite e recomeçar no dia seguinte. Não considerava aquele destino digno de ninguém.

Caçula de três irmãs e um irmão já casados, filha de campônios imigrantes portugueses — pai alcoólatra (falecido) e mãe analfabeta —, seria difícil escapar daquela vida. A casa onde morava com mãe, irmã, cunhado e sobrinho era de Isaura, que, ao contrário de Raquel, parecia ter vocação nata para tecelã, alcançando em pouco tempo a posição de mestre na fábrica.

O único par de sapatos que possuía, quando molhado pela chuva, passava a noite sobre a chapa do fogão a carvão, depois que as brasas já haviam esquentado a sopa do jantar. Antes de serem calçados, eram forrados com jornal para não deixar passar a umidade. Minha avó Ana preparava a marmita das filhas e dava início a uma labuta que só terminava à noite: lavava, passava, limpava, cozinhava, tomava conta do neto, filho de Isaura e de Santiago, um espanhol chegado ao álcool e que vivia de alguns expedientes.

A casa, de uma simplicidade comovente, tinha entrada pelo quintal lateral através de um portão de madeira. A primeira porta à esquerda era a do quarto do casal, a segunda, a da sala — só aberta aos domingos, de onde um rádio falava e cantava todos os dias sem parar —, e a terceira, nos fundos, a da cozinha, sempre aberta. Ali acontecia toda a vida social da família, três degraus de cimento serviam de poltronas. Era onde Raquel, sentada ao sol nas manhãs de domingo, e munida de um espelhinho, depilava sobrancelhas e os pelos das pernas com uma pinça. Embora ainda não soubesse, naquela mesma casa ela um dia se casaria com Noé e também teria sua primeira filha.

Naquele ambiente tipicamente proletário da Quinta Parada, eu — que os parentes maternos continuariam por toda a vida a chamar de Néli — iria desfrutar os melhores anos de minha infância, correndo pela terra ou chapinhando descalça nas valetas de esgoto a céu aberto, cheias de micróbios a olho nu. Criança do bairro só usava sandália com meia quando estava com febre. Julieta, a mais velha das irmãs, casada com Fonseca, tinha seis filhas. Morava na mesma rua, pouco adiante, numa casa que, pelo padrão do subúrbio, era considerada de luxo. É que o português Fonseca tinha uma pequena fábrica de sapatos artesanais femininos na garagem da casa. Para o restante da família, estavam bem de vida. Além de explorar o trabalho das filhas, tinha três sapateiros. As filhas eram também exploradas pela mãe no trabalho doméstico. Filha mulher, naqueles tempos, era explorada, primeiro pelo pai, depois pelo marido, que precisava aparecer antes de a moça completar 20 anos. Filha mulher, uma vez alfabetizada, era tirada da escola.

Juca, único irmão, contador, morava no Brás e tinha mais quatro filhas para confirmar o matriarcado da família.

Aos sábados, reuniam-se todos para ir à sessão dupla do único cinema do bairro, a pé. Atravessavam a linha do trem e andavam mais umas dez quadras para chegar ao destino almejado. Aos domingos, juntavam-se num almoço alvoroçado e barulhento em torno de um grande tampo de madeira armado sobre cavaletes no quintal da casa de Isaura, por ser onde morava vovó Ana, diante de grande comilança: bacalhoada à portuguesa com azeite idem, com certeza; frango assado, maionese, macarronada, salada de frutas regada a guaraná. Criança bebia gasosa; adulto, cerveja. Único dia da semana em que não se economizava na comida e nas palavras: falavam todos ao mesmo tempo em meio à gritaria das meninas, riam, contavam chistes e, à medida que subia o nível alcoólico, cada vez mais alto. Era o jeito dos Silva de sufocar a lembrança da semana que passara e enfrentar a que estava por vir.

Tão diferente dos Gertel... Nascidos no *shetlt* de Sokal (Sokul ou Sokol, dependendo das grafias regionais) —, aldeia distante poucos quilômetros de Lemberg (hoje Lviv ou Lvov), então pertencente ao Império Austro-Húngaro —, Mina e Bernardo tinham vindo com três filhos para o Brasil, onde nasceram mais dois, um deles Noé. Judeus austríacos fugindo da miséria, dos *pogroms* e da Grande Guerra que se armava. Depois de Araucária, no Paraná, fixaram-se na capital paulista, no Bom Retiro. Quando o sobrado da rua José Paulino pegou fogo, destruindo até seus documentos pessoais, foram para uma casa na rua da Graça, em cuja fachada se lia numa pequena placa de ágata branca em letras pretas:

ISAAC GERTEL
MÉDICO

Era o terceiro filho, ainda nascido no Império, porém formado no Brasil.

Mina arrendava um açougue de galinha *kasher* no mesmo bairro e pegava no pesado. A casa que ocupavam era bem mais ampla e bem menos pobre que a da proletária rua Ibicaba; ficava num bairro calçado e asfaltado, embora sem a vivacidade e o movimento da outra. Não era hábito ali compensar as agruras da vida com domingueiras. Era como se o frio e o cinzento do Leste Europeu tivessem emigrado junto. No rádio, apenas o noticiário da BBC para coberturas de guerra. O lazer se resumia a um jogo de dominó noturno, silencioso e triste, em torno da mesa de jantar, em parceria com algum outro melancólico imigrante. Mas não nas noites em que Mina e Bernardo depenavam e sangravam galinhas que o rabino degolava. Era o pavor das minhas noites de infância, que assistia a tudo pela janela do quarto dividido com o tio médico.

O consultório de tio Isaac ocupava o salão da frente daquela espécie de sobrado — porão alto e degraus levando à casa propriamente dita. Se alguém tocava a

20   VERA GERTEL

campainha, a porta de entrada era aberta puxando-se uma cordinha ao longo do corrimão.

No chão da cozinha três grandes garrafões permaneciam vazios, ao contrário dos três enormes potes de cerâmica, sempre cheios de pepinos fermentando em salmouras temperadas.

— Os garrafões — dizia vovó Mina toda vez que eu perguntava para que serviam — vão se encher de vinho que vamos fazer quando teu pai sair da cadeia. — Teriam de esperar cinco anos.

Apesar do marido e dos cinco filhos homens, Mina, rechonchuda e baixinha, era quem comandava tudo. Bernardo, alto e esbelto, sempre de cara fechada, se contentava em obedecer.

Ao final da última consulta, tio Isaac me levava para tomar sorvete antes de sumir na noite. Dele ganhei também minha primeira bicicleta de duas rodas com correntes. Até então eu levava tremendos tombos sobre outra de duas rodas, porém sem correntes, com pedais na roda da frente — verdadeiro instrumento de equilibrista.

Diferenças à parte, nem os Silva nem os Gertel jamais sonharam ter comunistas na família. Raquel e Noé foram os primeiros transgressores.

Capítulo III

A militância juvenil de Raquel e Noé durante os anos 1930 coincidiu com as ideologias mundialmente excitadas, pós-revolução soviética de 1917 e pós-Primeira Guerra Mundial. Por um lado, nasciam esperanças de um mundo possível sem o capitalismo; por outro, aumentava o conservadorismo, com novos mecanismos de impedimento do alastramento socialista. A partida para uma escalada fascista foi dada pela Itália, em 1922; em seguida, Polônia, Espanha e Portugal, além de alguns países do continente americano. Desde a década de 1920, o Brasil vivia crises permanentes. Primeiro, a revolta dos Dezoito do Forte (Copacabana), em julho de 1922, visando à derrubada do presidente Artur Bernardes, representante das oligarquias — o levante deu origem a um importante movimento, chamado tenentismo, originado na classe média, com um programa de reivindicações sociais: nacionalização do subsolo, política industrial nacional, legislação com férias, seguro contra acidentes de trabalho, proteção à mulher e às crianças, aposentadoria, voto secreto e educação obrigatória. Teve influência na Revolução de 1930, comandada por Getúlio Vargas.

Três meses antes da revolta tenentista fora fundado o Partido Comunista do Brasil. Ainda incipiente, incentivava, junto com o movimento anarquista, o surgimento de sindicatos e greves. Esses acontecimentos mostravam que a política no país estava deixando de ser uma troca de favores entre grupos influentes para adquirir uma direção ideológica.

Uma segunda revolta no Rio Grande do Sul, em 1923, dessa vez de políticos desejosos de acabar com as reeleições, obteve vitória através de um texto constitucional. Outro protesto dirigido pelo capitão Luís Carlos Prestes, em 1924, de caráter tenentista, foi derrotado. Mas a Coluna Prestes, a maior marcha da história brasileira, seguiu para o Norte. Percorreu quase todo o país de outubro de 1924 a fevereiro de 1927, e seu lendário chefe passou a ser o líder de uma luta de guerrilhas que levava o protesto ao sertão, região mais pobre e atrasada do país. Constituiu o máximo de ação dos tenentes.

A grande tentativa de dar caráter republicano ao Brasil surgiu com a Revolução de 1930. Resumindo alguns fatos daquele ano: Washington Luís preparava sua sucessão para o candidato paulista Júlio Prestes, quando, na verdade, era a vez de um mineiro — Antônio Carlos — a fim de dar continuidade à política do "café com leite". Assim que o paulista foi eleito, rompendo a tradição, começou a se armar uma revolução no Sul. Para agravar a situação, o candidato à vice-presidência do mineiro —

UM GOSTO AMARGO DE BALA   23

o paraibano João Pessoa — foi assassinado por razões políticas regionais e passionais. O levante acabou programado para 3 de outubro de 1930 e, vinte dias depois, a capital do país — Rio de Janeiro, então Distrito Federal — era ocupada pelas forças sulistas comandadas por Getúlio Vargas. Washington Luís foi deposto e o chefe rebelde Vargas ocupou seu lugar. Não se tratava, como parecia, de uma simples mudança de poder. Com o tempo, ficou visível uma revisão da vida nacional.

A conjuntura externa, pós-crise econômica de 1929, era a pior possível. Com a doutrina liberal desacreditada, os radicais de direita passaram a adotar o exemplo do fascismo italiano — radicalizado no nazismo alemão —, enquanto os radicais de esquerda se inspiravam no governo socialista da então União Soviética.

Num primeiro momento do governo Vargas, os tenentes tiveram influência nas inovações: um dos primeiros atos foi a criação do Ministério da Educação e Saúde e do Ministério do Trabalho, Indústria e Comércio. Uma Constituição eleita por uma Constituinte em 1934 viveu, porém, pouco mais de três anos. Apesar da promessa de eleições, Vargas acabou eleito indiretamente pelo Parlamento e, embora aliado a velhos políticos — afinal, era um deles por origem —, conseguiu impor algumas das reivindicações dos antigos tenentes, agora afastados do poder.

Luís Carlos Prestes entrou para o PCB em 1934. Viajou para a União Soviética e retornou ao Brasil em

1935, para organizar o que era visto pelos comunistas como "a revolução nacional e anti-imperialista".

No ano anterior, Vargas obtivera do Congresso a ditatorial Lei de Segurança Nacional, elaborada para sufocar manifestações e organizações como a Aliança Nacional Libertadora — com Prestes na presidência de honra — e o integralismo, desejoso de um governo mais à direita.

Prestes foi preso em março de 1936, meses após o fracassado levante comunista. Vargas aproveitou o episódio para justificar o regime autoritário recém-instalado e se manter no poder. Instaurou uma ditadura, conhecida como Estado Novo, em novembro de 1937. Sua nova Constituição incluía vários dispositivos semelhantes aos encontrados em constituições de regimes autoritários então vigentes na Europa, como as de Portugal, Espanha e Itália. O Congresso foi fechado, a censura passou a ser rigorosa e o país conduzido sem oposição legal. Um bem-urdido Plano Cohen surgiu para ajudar o *status quo*: um documento forjado por militares e integralistas no qual estava descrito o caminho que seria seguido pelos comunistas na conquista do poder. De natureza antissemita, o documento fora falsificado pelo então capitão Olímpio Mourão Filho,[*] do Estado-Maior do Exército e do Serviço Secreto da Ação Integralista.

---

[*] Comandante das primeiras tropas que saíram de Minas Gerais, em apoio ao golpe militar de 1964.

O anticomunismo funcionava mais uma vez para justificar o estado de guerra, a ausência de processos regulares, prisões generalizadas e desrespeito à lei. O resultado do Plano Cohen, divulgado pelos órgãos oficiais, foi a instauração de um regime de direita sob a forma de corporativismo que inseria o país no fascismo dominante da época. Esse regime duraria até 1945.

Capítulo IV

A situação chegou a ponto de alguns policiais ficarem por duas semanas alojados em nossa casa no Grajaú, depois de terem prendido papai. Minha mãe tinha medo deles. Eu também. Xingava-os de macacos toda vez que me faziam gracinhas ou tentavam me pegar no colo. E agora? Queriam o quê? Prender outros, com certeza. Mas minha mãe dera um jeito de avisar os companheiros, através de uma vizinha nossa. Foram duas semanas de terror. De dia tomavam o café que mamãe lhes servia. As noites ela passava se agarrando a mim na cama, com a esperança de assim não quererem estuprá-la. Depois, acabava por me devolver ao berço, pois dessa forma pelo menos *eu* me salvaria.

Quando os tiras foram embora, mudamos de casa. Durante dias mamãe buscou um quarto com cozinha, que lhe foi sempre negado porque não aceitavam crianças. No dia em que o proprietário de uma casa de cômodos, português, mais uma vez lhe disse não, puxei-lhe a perna da calça, dizendo:

— Eu fico boazinha, juro.

O português se comoveu e vovó Ana veio de São Paulo para ficar comigo, enquanto minha mãe ia atrás de trabalho. Certa manhã, ela passava pelas imediações do Tribunal de Segurança Nacional, entre as praias do Flamengo e Botafogo, quando se lembrou ser o dia do julgamento de Prestes — preso desde 1936, sem processo.

Acomodada no plenário, viu, de repente, uma figura esquálida (ela não o conhecia pessoalmente), pequena, entre dois macacos fardados. Era ele. Nem um pouco intimidado, suas primeiras palavras foram:

— Antes de fazer minha defesa, desejo saudar a gloriosa revolução soviética pelo seu 23º aniversário, no dia de hoje.

Era 7 de novembro de 1940.

Barulho, confusão, e o juiz que lhe cassou a palavra.

Minha mãe gritou a plenos pulmões:

— Viva Luís Carlos Prestes! Viva o Partido Comunista!

— Prendam essa mulher! — gritou o juiz, martelando a mesa. E suspendeu a sessão.

Avó e neta passaram a visitar o Dops diariamente, na rua da Relação. Lá eu passava horas berrando pela minha mãe. Ninguém conseguia que eu me calasse. Quinze dias depois, ela foi solta. Não sem antes lhe trazerem Noé, meu pai, desfalecido. Não esmoreceram. Ele acabou condenado a cinco anos de cadeia, dois dos quais na Casa de Correção e os outros três na Ilha Grande.

CAPÍTULO V

—Você é judia?

Mais uma daquelas perguntas difíceis.

— Os religiosos dizem que não, porque minha mãe não é. Os outros acham que o sobrenome é que conta.

Mas gostar mesmo de tirar as coisas a limpo, só mesmo Raquel.

Um dia, marido preso, adentrou a casa dos sogros no Bom Retiro e comunicou:

— Eu sou a mulher do Noé e esta é neta de vocês [já com 3 anos].

O bravo comunista Noé tivera medo de contar aos pais que se casara com uma gói.

A princípio, Mina e Bernardo rejeitaram as duas. Depois, foram se encantando com a expansividade e a simpatia de Raquel. Também é verdade que os velhos Gertel estavam se acostumando aos sustos. Afinal, três dos filhos tinham virado comunistas e estavam sendo perseguidos como traidores da pátria: Isaac, preso pela polícia paulista ao ser confundido com o irmão, aguentou firme sem entregar Noé, antes da prisão deste; Eugênio, o caçula, não escapou de ser fichado como comuna ainda estudante.

A situação política era a pior possível. Apesar de o mundo já se dividir em anti e pró-nazistas antes da Segunda Guerra Mundial, desde a dramática Guerra Civil Espanhola, de 1936 a 1939, Getúlio ainda estava indeciso e não mostrava inclinação pelos Aliados.

A situação de vida dos comunistas não andava melhor. Cadeia, clandestinidade, tortura, morte de companheiros, mas prosseguiam lutando para que Getúlio não aderisse ao Eixo. Suas mulheres, quando não estavam presas, tinham dificuldade para sobreviver. Raquel voltou para São Paulo, deixando o marido preso no Rio, para onde ia quando permitiam visitas; ela não estava nada bem. Sua família não lhe perdoava ter escolhido um homem para quem a Revolução estava acima de casamento e família.

— Este carro é do teu pai?

— Este é teu pai?

— Teu pai vem te buscar amanhã também?

Excitadas por andar de carro pela primeira vez — eram raros os automóveis particulares na década de 1940 —, as colegas do grupo escolar queriam saber tudo de uma vez. Espremidas no banco traseiro, enquanto no da frente iam Raquel e o "tio" José na direção, foram surpreendidas quando os dois resolveram ir me buscar na saída da escola.

"Tio" José era tudo que uma mulher "normal" desejaria para marido: bem-apessoado, calado, manso, espírita, médico da reserva do exército e fascinado por Raquel.

A casa no bairro paulista do Jabaquara pertencia a ele, oficialmente emprestada para ela ali viver com a filha. Cercada por grande jardim, era quase uma mansão: salas, quartos, banheiros, copa, cozinha e a casa dos caseiros no quintal; árvores frutíferas, flores no jardim.

— Não! Ele não é meu pai — respondi emburrada. — Meu pai morreu.

Era assim que devia explicar a ausência de meu pai. Naqueles tempos, os comunistas eram muito poucos para serem vistos como presos políticos. Para o povo, só bandido ia para a cadeia.

Eu não gostava daquela intromissão do "tio" na vida de mamãe, mas nada tinha contra ele. Ao contrário, sentia que nossa vida melhorara ao vivermos com ele.

Raquel virara secretária de um diretor da Federação das Indústrias, e as coisas estavam menos turbulentas. Com pena de me deixar com apenas 4 anos o dia inteiro só com a mulher do caseiro, Raquel pediu a um Grupo Escolar, na mesma rua, que me aceitasse como aluna, apesar de eu não ter a idade regulamentar.

A sala de aula com carteiras duplas de madeira ocupava a garagem da casa da professora. A mãe dela, na hora do lanche, num prenúncio da merenda escolar adotada anos depois pelas escolas públicas, assava pão em forno de barro no quintal para distribuir às alunas mais pobres, que não levavam lanche. Muitas vezes eu preferia trocar o meu com alguma colega só para entrar na fila do pão fresco e quentinho.

Não havia segredo no "caso amoroso" de Raquel, e era até possível que papai tivesse sido informado por ela. Em sua justificativa, ela alegava que o marido repetira inúmeras vezes não ter importância alguma um pedaço de papel que oficializava o casamento.

Por essa época, acumulei alguns tiques nervosos: repuxava e escancarava a boca em caretas horrendas, roía as unhas e batia um no outro até sangrar os ossinhos salientes da articulação dos pés.

Raquel jamais deixou de visitar Noé, agora transferido da Casa de Correção para o presídio da Ilha Grande. Ele estava junto com Carlos Marighella, Gregório Bezerra, Agildo Barata, Joaquim Câmara Ferreira, Pedro Motta Lima, David Capistrano, Bangu, Jorge Amado e muitos outros.

Apenas duas vezes, em cinco anos, eu fui junto para ver meu pai. Era uma viagem penosa para uma garota franzina: 13 horas de trem de São Paulo ao Rio, de segunda classe. Da Estação Pedro II nós íamos para o apartamento de Silveira Martins, no Andaraí,* onde dormíamos,

---

* José Silveira Martins, de tradicional família carioca, havia conhecido duas irmãs órfãs, pobres, as quais tirara do orfanato, casando-se com uma delas, Emília. Formavam um casal feliz, junto com Adelaide, a outra irmã. Silveira fora deserdado por causa de suas convicções políticas e por aquele casamento considerado desastroso pela aristocracia à qual pertencia. As irmãs, simpáticas e alegres, bordavam lençóis para fora para ajudar no orçamento doméstico. Adelaide mais tarde também se casou.

e, no dia seguinte, outro trem nos levava até Mangaratiba em seis horas. Lá, pegávamos uma traineira atulhada de cachos de banana até a praia do Abraão, na Ilha Grande — uma travessia em que eu vomitava a alma. Finalmente a gente entrava na boleia de um caminhão até o outro lado da ilha onde ficava o presídio, pomposamente chamado Colônia Agrícola do Distrito Federal.

Eu chegava com febre alta, preocupando a todos numa ilha sem recursos. Por estarem com a filha doente, Raquel e Noé ganhavam o melhor quarto da casa construída pelos próprios presos políticos quando passaram a ter direito a duas visitas íntimas por ano, de quinze dias cada uma.

Quando os comunistas chegaram àquele presídio, em 1942, dividiam os corredores de celas com os presos comuns mais perigosos, isolados na ilha e condenados a grandes penas. Temendo pela própria segurança, os comunistas presos buscaram uma integração, alfabetizando, dando aulas de aritmética, história, geografia.

Um acordo com Getúlio, facilitado pelo próprio diretor do presídio, Nestor Verissimo (primo de Getúlio, tio de Erico Verissimo), que àquela altura havia se decidido pelos Aliados, cedera aos presos algumas reivindicações, como a construção da casa de visitas, cujos quartos eram separados por tapumes que ladeavam uma área social onde, sobre uma comprida mesa, eram servidas as refeições preparadas pelos próprios comunistas.

Se durante a noite o barulho ouvido era o tique-taque da máquina de Jorge Amado, que trocava o dia pela noite escrevendo sobre a mesa de refeições, de dia era a algazarra das crianças que se espalhava. A grande aventura dos pirralhos era seguir os mais velhos para desbravar a mata numa coluna heroica, apesar das ordens de não se afastarem muito da casa, pois presos comuns às vezes trabalhavam à solta sem vigilância. E foi exatamente o que um dia aconteceu: a coluna encontrou um mal-encarado munido de foice, compenetrado na tarefa forçada de capinar o mato. O primeiro e mais velho da fila deu o alerta:

— Silêncio! Perigo!

Todos se abaixaram e tremeram na base — não eram tão heroicos quanto os pais. E, rastejando pelo caminho mais longo de suas curtas vidas, finalmente alcançaram, imundos, assustados e suados, a clareira daquela inusitada pousada de férias.

Às vezes o tempo esquentava na ilha, não só por causa do sol: esquerda sem cisão não sobrevive, e, mesmo presos, os militantes não se limitavam a acaloradas discussões; imperavam também xingamentos e provocações. O outro lado era sempre o provocador, agente do inimigo, a serviço da direita, quando não um filho disso ou daquilo. Uma dessas cisões foi liderada por Agildo Barata, a quem meu pai aderiu. Casado com Maria Barata, seu filho Agildinho certa vez teve a infeliz ideia de enfiar o meu pé em sua boca.

34 VERA GERTEL

Foi um deus nos acuda porque ninguém conseguia tirá-lo de lá.*

Terminada aquela difícil temporada, as mulheres retornavam com suas bagagens carregadas de broches, brincos, colares, pulseiras, brinquedos, cinzeiros e quantas mais bugigangas feitas pelos presos a partir de cabos de escova de dente e casca de coco. Eram para ser vendidas e ajudar no sustento das famílias. Conservei por muitos anos um singelo e pequenino broche em forma de aviãozinho vermelho, cuja hélice branca, fininha, girava ao toque de um dedo.

Alguns meses antes da anistia de 1945, meu pai ganhou um recurso junto ao Tribunal de Segurança Nacional, que reduziu sua pena para quatro anos e três meses já cumpridos, e foi solto em agosto de 1944. Eu e mamãe fomos buscá-lo no Dops do Rio. Já estávamos na calçada da rua da Relação quando o vimos pular jovialmente os degraus de saída para vir ao nosso encontro. Soltei a mão de minha mãe e corri para me jogar nos seus braços. Um pai que vira apenas duas vezes em quase cinco anos. Senti que minha mãe estranhou todo aquele afeto, como se não esperasse, nem desejasse. Uma nova vida estava prestes a recomeçar, e com ela novas complicações.

---

* Ao lembrar o fato décadas depois para Agildo Ribeiro, na redação da *Manchete*, onde eu trabalhava, ele achou muita graça e disse ser uma prova de que desde pequeno tinha bom gosto. E que também, pensei, nunca perdia a piada.

Capítulo VI

Sem pouso certo, seguimos para São Paulo e nos aboletamos num quarto de pensão, no bairro da Liberdade — bem a propósito, mas todos pareciam não saber o que fazer daquela liberdade.

O stalinismo então reinante no partido mostrava suas garras. Recém-saído da cadeia, Noé precisava ser testado: deveria lançar uns panfletos do alto do prédio da Assembleia Legislativa.

— Com todo aquele policiamento lá? — reclamou.

— São ordens — respondeu o camarada.

— Mas eu acabei de sair da cadeia.

— Você quer discutir ordem do partido?

— Faz o seguinte: vai você. Eu te levo os cigarros, depois.

A desobediência não o impediu de prosseguir na militância. Partido e Revolução estavam acima de erros, perseguições, injustiças. Os crimes de Stálin, que vinham sendo cometidos desde o início da década de 1930, primeiro contra Trótski, depois contra toda a direção do PCUS — Zinóviev, Kámeniev, Bukhárin e tantos outros —, eram um ataque a traidores da pátria dos trabalhadores. Os comunas, no mundo inteiro, não

36   VERA GERTEL

gostavam de tocar no assunto e atribuíam as denúncias aos inimigos do comunismo. O próprio mal-estar causado por essas denúncias, a recusa em discutir os processos, já era um sintoma do incômodo que causava aos camaradas brasileiros a descoberta de tantos inimigos soviéticos da Revolução.

De pensão em pensão — uma cautela da clandestinidade —, pai, mãe e filha se sentiam deslocados também na vida. A cadeia deixa sequelas não só no condenado.

A legalidade do Partido Comunista em 1946 (que durou apenas dois anos) facilitou o lançamento do diário *Hoje*, que chegou a alcançar tiragens espetaculares. Socorrido por uma Campanha do Ouro para arrecadar fundos, havia um lençol estendido no chão da redação onde companheiros, simpatizantes, apoiadores e amigos lançavam seus ouros. Raquel jogou sua única joia: a aliança de casada.

Grávida pela segunda vez, mamãe foi morar na Quinta Parada, eu, no Bom Retiro, a fim de cursar o primário regulamentar. Noé ficou solto no mundo. A falta de dinheiro e outras *cositas más* complicavam a junção familiar.

Situado nos Campos Elísios, bairro colado ao do Bom Retiro, o Colégio Stafford era dirigido por duas idosas; a mais velha era Dona Blandina, cujo maior orgulho era manter intacto o quarto onde Santos Dumont se hospedava quando ia a São Paulo. A maioria das alunas era do bairro judeu fronteiriço, razão pela qual tinham dispensa das aulas nos feriados judaicos.

Os Gertel não eram judeus religiosos. Conservavam apenas os hábitos culturais, respeitando as festas de Rosh Hashana, Pessach ou Yom Kippur,[*] mas sem rezas. Quando perguntava a minha avó Mina se não era proibido ir à escola nesses feriados, recebia sempre como resposta:

— Proibido é *não* ir à escola.

— E não é proibido comer no Dia do Perdão?

— Proibido é *não* comer. — Mas sempre tinha *matza* no Pessach.[**]

As alunas judias também eram dispensadas das aulas de religião católica, embora tivessem de ficar sentadas no fundo da classe, em vez de irem para o recreio. Era uma manifestação de respeito pela religião alheia. Quando a professora do terceiro ano resolveu perguntar a cada uma das dispensadas por que não assistiam à aula de religião, todas, com uma única exceção, se declararam judias.

— Sou materialista — discordei.

— E você sabe o que é isso?

— Sei, sim, senhora. Só acredito no que vejo.

Ela me pediu um exemplo.

— Acredito na árvore.

---

[*] Respectivamente, Ano-Novo, Páscoa e Dia do Perdão, dia do jejum, judaicos.

[**] Pão ázimo, feito apenas com farinha e água, sem fermento e sem sal.

A resposta não agradou, e um murmúrio de horror se fez ouvir. Daí para a frente, descobri ser menos perigoso passar por judia — o que acabou me valendo a chefia em uma das duas turmas em que se dividia a classe durante o recreio. Na outra, só havia católicas.

Nos feriados judeus, eu era a única a comparecer às aulas. Num deles, a chefe da outra turma me fez uma provocação, dizendo ser um absurdo que eu não acreditasse em Jesus.

— E você? — contra-ataquei. — Por acaso sabia que Jesus era judeu?

— Não acredito! — exclamou a garota.

— Ele nasceu em Belém. Você achou que era Belém do Pará?

Nas noites daqueles feriados no Bom Retiro, eu me acumpliciava com a garota empregada da casa e ficávamos na janela do consultório de tio Isaac observando o movimento da rua. Arrastávamos a escadinha de ferro, que servia para escalar a mesa de consultas, até a janela, onde nos debruçávamos para pousar bolinhas de papel-jornal nas abas dos chapéus dos compenetrados israelitas a caminho da sinagoga. Nunca se deram conta.

— Quem gosta de sinagoga é rico — dizia Mina, quando eu perguntava por que ela não ia.

Ou pior:

— Hitler matou os bons judeus; os maus ele espalhou pelo mundo.

Mina era uma figura como poucas: nunca foi comunista, mas sempre se opôs ao Estado de Israel. Em 1947, na fundação de Israel pela ONU, ao receber a visita de um casal de irmãos adolescentes, sobrinhos seus metidos em uniformes cáqui, que vinham de Curitiba a caminho de Israel, provocou:

— O que vocês vão fazer lá? Plantar laranja em pedra?

Durante a Segunda Guerra Mundial, os velhos ouviam a BBC à noite. E, apesar de Mina vibrar com a vitória de Stalingrado — quando a guerra começou a virar, dando início à derrota dos alemães —, odiava Stálin com toda a convicção. Lia um semanário ídiche (*Nossa Voz*) antes de dormir, que às vezes comentava comigo. Dela, ouvi pela primeira vez os nomes de Brecht e Maiakóvski. E, quando indagada sobre o motivo de Maiakóvski ter morrido tão moço, ela não tinha dúvidas:

— Stálin matou.

Na realidade, Maiakóvski suicidou-se com um tiro, mas a avó tinha razão. Fora um adesista de primeira hora da revolução soviética e muito ajudou com sua arte na conscientização de proletários, porém o mais provável é que não tenha aguentado tanta burocracia, autocracia, censura (suas peças teatrais nunca puderam ser montadas na União Soviética).

Paulista ou carioca, judia ou não, eu gostaria mesmo é de ter minha mãe sempre por perto — o que só acontecia nos fins de semana, quando ela vinha me buscar para ir à Quinta Parada. Jamais me esqueci de meu primeiro vestido, com passamanarias coloridas, feito por ela a partir de um retalho de panamá branco, sobra de um terno de tio Isaac, no fim de meu primeiro ano letivo no Stafford.

— Só vim trazer a menina — ela explicou quando a professora perguntou se não ia ficar para a festa.

— Mas sua filha teve a primeira classificação de toda a turma — insistiu a professora.

Surpresa e emocionada, Raquel ficou, e, depois da festa, fomos tomar sorvete de taça na Confeitaria Americana, na praça dos Andradas — um verdadeiro luxo. Eu não largava o livro *No país das formigas*, de Menotti del Picchia, recebido como prêmio pela nota dez em todas as matérias do ano. Pois então, desde os 4 anos já não cursara até o segundo primário do Grupo Escolar do Jabaquara? Eu estava encantada a sós com mamãe, como duas mulherezinhas, diante das taças de prata com sorvetes. Dona Blandina prometera a minha mãe que, no caso de eu cursar todo o primário em primeiro lugar, ganharia uma bolsa de estudos para o ginásio.

O irmão recém-nascido recebeu o nome de Luís Carlos, para confirmar o prestismo de minha mãe. Trabalhando como jornalista no *Hoje*, Noé ganhava muito pouco para sustentar mulher e filhos. Raquel desejava reunir todos, mas as coisas se complicavam cada vez mais.

A família se visitava, em vez de morar junto. E, num desses dias em que acabavam de se reunir no Bom

UM GOSTO AMARGO DE BALA   41

Retiro, Noé se despediu para ir ao jornal. Em seguida, bebê no colo e filha pela mão, Raquel resolveu segui-lo. Fiquei desconfiada, tive medo, puxei minha mãe, embora sabendo que de nada adiantaria. Sempre atrás de meu pai, seguimos até a Biblioteca Municipal. Esperamos escondidas atrás de uma árvore. Ele entrou e em seguida saiu acompanhado de uma mulher. Atravessaram a rua para pegar um táxi no ponto, e, quando se preparavam para entrar no carro, mamãe correu e puxou a mulher pelos cabelos.

Gritos de "espera aí Raquel", "calma", "deixa explicar", misturados a outros das duas mulheres, geraram uma confusão dos infernos, enquanto o bebê escorregava do colo de minha mãe, papai tentando segurá-lo com um braço e com o outro separar a briga. A tudo os motoristas do ponto assistiam perplexos, e certamente tiveram assunto por muito tempo.

Que diabo, então papai não conhecia o temperamento de mamãe? Que tomasse mais cuidado. Desde menina, quando íamos sozinhas ao cinema, não havia malandro capaz de se aproveitar da situação. Assim que o sujeito se sentava ao lado, ela ficava de olho. Se o sujeito viesse se chegando, tirava o broche do vestido com toda a calma e o espetava com ímpeto na mão do malandro.

Nem se sabe como, Noé, naquele entrelaçamento de adultos e crianças, conseguiu enfiar a tal mulher dentro do carro e mandou o motorista tocar.

Fora de si, humilhada, raivosa, traída, Raquel desembestou pelas ruas com o restante da família atrás, até entrar num pequeno prédio. Subiu as escadas e invadiu a redação do *Hoje*. Com toda a fúria, agarrou um telefone. Aquilo estava longe de terminar. Atônitos, sem saber o que fazer diante daquela invasão inusitada — e que dessa vez não era da polícia —, os jornalistas ali presentes ouviram o colega implorar: "Não faça isso, Raquel, por favor, não faça isso." Surda aos apelos, emparedada pelo sofrimento, ela discou um número e pediu para falar com um renomado médico paulista, comuna e também judeu.

— É Raquel Gertel quem está falando. Fique sabendo que acabo de pegar meu marido com sua mulher — e desligou.

Nunca se ouviu tanto o matraquear frenético de máquinas de escrever.

Capítulo VII

Boa parte da infância, me dediquei a manter unidos meus dois heróis como se disso dependesse não apenas a minha, mas também a sobrevivência da revolução. Não era sempre que me faziam de árbitro a cada vez que se separavam, mas mamãe jamais me poupou de seus problemas com papai, de quem sempre se queixava.

A escorregadela de papai veio, de alguma forma, juntar os membros de nossa família. Além de no *Hoje*, meu pai passou a trabalhar na *Folha da Manhã*, com salário fixo, e todos nos mudamos para um apartamento na rua dos armazéns de atacado, nas cercanias do Mercado Público. Pouco importavam as narinas impregnadas pelo cheiro sufocante dos sacos de alho, cebola, batata, feijão, arroz, bacalhau e outros gêneros de lentíssimo perecimento. Era um recomeço. Sem deixar a militância, Noé deixou de ser profissional do Partido — uma exigência de Raquel — para poder arcar com família e estudos dos filhos.

Pouco antes disso, um fato talvez tenha contribuído: fui parando de comer, fiquei raquítica e ganhei um buraquinho no pulmão. Padeci sofridas injeções, ainda na casa de tio Isaac, que era quem me aplicava, e das quais tentava me esquivar andando colada às portas e paredes. Inútil. Tomei todas. Mas não voltava a comer.

Armou-se uma consulta com um famoso pediatra da época, que, após exame meticuloso, receitou o devido: minha mãe deveria dispor diante de mim o prato feito — arroz, feijão, legumes, carne, salada —, me deixar sozinha na cozinha diante de um despertador, meia hora antes de sair para o colégio. Terminado o tempo, comesse ou não, eu deveria ir embora. Por medo do que pudesse me acontecer caso não comesse, cinco minutos antes de completar aquela meia hora eu engolia todo o PF.

Um dia, brincando no pátio interno do malcheiroso edifício, vi meu pai descendo as escadas de maneira estranha — tonto, triste, abalado. Ao me ver, chamou para explicar que ia fazer uma longa viagem e que ficaria ausente por muito tempo.

Desconfiada, subi correndo as escadas e dei com minha mãe passando roupa.

— Que foi? Papai não vai voltar?

— Desta vez, não.

— Mas por quê, por quê, por quê? — gritei.

Sem dar tempo a nenhuma explicação, meu pai entrou de volta e me abraçou. Eu ainda o conhecia pouco, faltava intimidade entre nós, mas, afinal, era o meu pai.

— Está vendo, Raquel? A menina não quer que eu vá...

Silêncio. Olhei para os dois, enquanto Luís Carlos, meu irmão, engatinhava alheio. Noé saiu prometendo que ia voltar depois do trabalho.

— Você não queria mais ele, né? — perguntei, enquanto minha mãe, cabeça baixa, passava fraldas.

— Podíamos ir viver com "titio".

— Ele não é meu pai.

— Mas é como se fosse. Gosta de você.

— Desculpa, mãe. Eu não sabia que você não queria mais o papai.

Terminada a curta legalidade do Partido — de 1945 a 1947 —, a polícia paulista decidiu empastelar a oficina do *Hoje*, que chegou a ter uma circulação de grande jornal. Queriam impedir a saída de uma edição especial em homenagem a Prestes no dia de seu aniversário, 3 janeiro. O prestígio do "Cavaleiro da Esperança" se justificava pelo seu valente comportamento durante os nove anos de prisão isolada, pela entrada do Brasil na guerra (uma bandeira comunista), pelo fato de a União Soviética ter lutado tão bravamente contra o nazifascismo. Na presidência do país, o reacionário marechal Dutra, que se elegera sem a ajuda dos comunistas, se apressou a fechar o Partido. No governo paulista, porém, o não menos conservador Adhemar de Barros — o famoso "rouba, mas faz" — tivera o apoio do PCB nas eleições, mesmo com a discordância de muitos companheiros, que acusavam o Comitê Central de estar interessado apenas em "fazer finanças". Se o Partido levou dinheiro no acordo, saiu no prejuízo político, pois a polícia adhemarista jamais lhe deu trégua. Atacou a oficina do jornal na noite de 2 de janeiro de 1948, na rua Conde de Sarzedas, atrás do largo da Sé — um sobrado antigo de dois andares. No térreo ficavam as máquinas operadas por estivadores do porto de Santos e onde Noé estava naquele momento como secretário do jornal. No andar de cima, ficava a redação. Cercados pela polícia, Joaquim Câmara Ferreira, diretor do jornal, optou por comandar a resistência e, de revólver em punho, ligou para o governador e avisou: "Vai acontecer uma carnificina e você será o responsável." Aconteceu o tiroteio. A ideia era resistir até de manhã, quando as ruas se encheriam de gente, causando comoção. A quantidade de gás lacrimogêneo foi ficando insuportável, e Noé descobriu uma forma de escaparem pelo telhado dos fundos, que dava para uma vila. À primeira vista, ninguém por perto: "Mas eu podia ter nos matado a todos", diria ele mais tarde. À medida que pulavam para a rua, eram recebidos aos gritos por policiais furiosos: "Encosta aí, seu comunista filho da puta, para ser fuzilado."

Dessa vez, eu e mamãe íamos visitar papai numa cadeia bem mais perto — o Presídio Tiradentes. Se na Ilha Grande os comunas compartilhavam a prisão com criminosos e integralistas, agora a dividiam com japoneses do Shindo Renmei, seita secreta e fascista que, ao final da guerra, não aceitara a derrota do Japão. Papai sentia pena de um comerciante que, chorando em seu ombro, jurava nem saber o que era Shindo Renmei, pois ali estava apenas por ser japonês.

Os 47 comunistas presos no Tiradentes ficaram, por meses, respondendo a um processo em que acabaram absolvidos.

Durante a prisão, mamãe voltou para a Quinta Parada e eu, para o Bom Retiro. Quando o pai foi solto, mudamo-nos para uma pensão, chamada Copacabana, no bairro dos Campos Elíseos, próxima ao Colégio Stafford. Era uma mansão decadente dos tempos dos barões do café, que agora alugava quartos com refeições. Nós ocupávamos um espaço no porão — antigo alojamento dos criados-escravos — com chão de cimento e grade nas janelas, que a caprichosa Raquel dividiu com tapumes em três mínimos cômodos: canto do casal, dos filhos e uma salinha para receber os companheiros — o endereço não podia estar ao alcance de qualquer um. Embora Noé tivesse emprego legal como jornalista da *Folha*, sua vasta ficha policial lhe garantia a honrosa posição de um dos "suspeitos de sempre", à menor conturbação política.

Eu, com uma diferença de nove anos para meu irmão, desfrutava com naturalidade da semiclandestinidade. Partícipe das acaloradas discussões políticas entre os adultos, ficava fascinada com aquela gente corajosa, amiga e solidária, capaz de abdicar dos confortos de uma vida burguesa e confortável em prol da justiça social. Alguns luxos, em meio à dureza, ficaram inesquecíveis.

Um dia, Correia de Sá, companheiro franzino, moreno, de fala suave, que havia lutado na Guerra Civil Espanhola, apareceu em nossa casa. Tinha se tornado um pequeno empresário depois de deixar o Partido, mas jamais deixou de ser comunista. A conversa entrou noite adentro, e, ainda sem terminar, eis que numa segunda visita, Sá apareceu com uma máquina de café italiana, inexistente no Brasil, que ele trouxera de uma de suas viagens. Era enorme, com vários compartimentos de metal, dos quais saía café. Apesar de ser um trambolho espaçoso, passou a ser o bem mais precioso que uma família ocupando quarto de pensão poderia possuir.

Capítulo VIII

A paixão pela justiça social foi coisa do século XX. De outra forma, não se poderia entender como pessoas inteligentes e sensíveis abraçavam a causa do comunismo. As ideias de Marx atraíam intelectuais e os membros mais brilhantes da geração estudantil nas universidades em todo o mundo. Os comunistas não defendiam o indefensável. A nova sociedade que os soviéticos construíram a partir de 1917 não era má: fim da grande propriedade privada, divisão da terra, trabalho e carreira para todos, educação universal aberta em todos os níveis, saúde, segurança social e pensões, férias em uma comunidade, acesso de todos ao melhor da cultura, esportes, lazer ao ar livre e igualdade entre as classes. Os erros de percurso e, algumas vezes, os inimigos do regime sem dúvida coibiam a liberdade. Os integrantes da sociedade socialista não tinham controle sobre suas vidas. E a economia de estilo soviético, que imperou pouco mais de trinta anos sobre um terço da humanidade, infelizmente era de escassez.

Como, então, se infiltrava o ideal do comunismo? Na ânsia de transcender o egoísmo e servir a toda a humanidade, não se pensava em si, mas no coletivo.

Os comunistas sabiam o que os esperava: sacrifício pessoal, clandestinidade, prisão, interrogatório, tortura, ação armada, exílio e até a morte. Essa abnegação, esse dar de si em prol de todos, tornava os combatentes capazes de grandes gestos éticos e heroicos de que a história está cheia. Além de mitos imbatíveis.

O junta e separa de meus pais, por injunções próprias ou advindas da repressão, em nada abalava a firmeza de seus ideais. Comiam, bebiam, sonhavam política. Como o ar que se respira, implantar a igualdade no planeta era o fundamento daquelas vidas. Optava-se pelo internacionalismo — a promoção de uma revolução mundial que derrotaria o capitalismo e implantaria o socialismo, única forma de governo capaz de acabar com a exploração do homem pelo homem. O marxismo atraía os inconformados com a injustiça do domínio imperialista por parte das grandes potências sobre os povos subdesenvolvidos. Representava a substituição da sociedade de classes por outra fundada na propriedade coletiva dos meios de produção. Ao ser capaz de dar oportunidades às capacidades humanas, a revolução daria nascimento a um novo homem.

Não era utopia. O regime implantado pela Revolução Soviética de 1917 ganhou muitos adeptos. O idealismo e o heroísmo criados em torno dele foram, por exemplo, capazes de criar as Brigadas Internacionais para lutar na Espanha contra o fascismo de 1936 a 1938 — uma trágica derrota que levaria à Segunda Guerra Mundial.

Não seria o caso de se perguntar, hoje, o que seria do mundo nas mãos de Hitler se combatentes comunistas de todos os países não estivessem à frente dos movimentos de resistência ao nazismo? E se não acontecesse a terrível Batalha de Stalingrado, que virou a guerra em favor dos Aliados? Ou se não tivessem morrido mais de 20 milhões só de soviéticos nessa guerra?

Muitos comunistas acabavam não se adaptando às exigências do Partido. Os que se destacavam nos pequenos "partidos de vanguarda" então existentes eram uma combinação de disciplina, eficiência, sacrifício, dedicação e obediência. E, devido a uma certeza no determinismo histórico da vitória, seus membros davam tudo pelo partido.

Às denúncias da carreira sanguinária de Stálin — iniciadas com os Processos de Moscou na década de 1930, quando este fuzilou membros importantes do PC soviético e criou os *gulags* para dissidentes — os comunistas, com poucas exceções no mundo inteiro, respondiam que tais denúncias eram fruto da contrapropaganda reacionária, acreditando que as vítimas eram provocadores ou traidores. Trótski e seguidores alardearam, em vão, esses crimes, nos quais os militantes comunistas só vieram a acreditar depois do XX Congresso do PCUS, em 1956.

Mesmo assim, a força da União Soviética, capaz de transformar um regime tsarista em superpotência, não abalou a fé da maioria comunista. Partidos dissidentes surgiram, a partir de então. Mas, para o secretário-geral do PC italiano Enrico Berlinger, o partido não era para românticos. Numa reunião de sua direção, ameaçada por mais uma dissidência, ele perguntou: "Primeiro vocês acreditaram no sonho soviético, depois no chinês, agora no cubano, qual será o próximo?"

Bem, isso é o que de melhor se pode dizer sobre o comunismo.

Capítulo IX

Desde os tempos de pé no chão na Quinta Parada, eu era metida a valentona. A mania de aparecer escondida atrás de um nariz empinado de "não se atreva" disfarçava uma timidez associada a um sentimento de perseguição. Defendia os menores da turma de rua acuados por pestinhas e apanhava no lugar deles. Escapei por pouco de perder uma vista quando um moleque atrevido enfiou um espeto de pau num de meus olhos.

Na esquina da rua Ibicaba, na Quinta Parada, havia uma venda onde vó Ana me mandava fazer compras. O sistema era de caderneta, que a gente levava para ser anotada pelo vendeiro, e o pagamento se dava no início do mês seguinte, quando saíam os salários. Pequena, ficava na ponta dos pés para mal alcançar o balcão e pedir um quilo de farinha ou de açúcar ou de gordura de coco. Quando minha avó ia junto, eu podia gastar alguns réis numa poeirenta, porém irresistível, vitrine cheia de moscas e doces: de leite, de abóbora, de batata branca e roxa, cocada preta, maria-mole, pé de moleque. Foram minhas *madeleines*. Até hoje persigo esses doces; o gosto não é o mesmo, nem as moscas, e a poeira das vitrines não existe mais.

Ao entrar para o Colégio Stafford, continuava meio paulista, meio carioca, meio judia, meio gói, porém comunista com certeza e estudante a toda prova. Gostava dessa última condição. Metida num uniforme de saia azul-marinho pregueada, blusa bege com logotipo da escola e belo chapéu de palha brilhante com grandes abas curvadas para cima e copa rodeada por fita de gorgorão também azul-marinho, empunhava a pasta com orgulho. Com Zina ao lado — amiga, colega de classe, vizinha e judia —, depois das aulas disputávamos corridas de bicicleta com os garotos ou esfolávamos joelhos e mãos nas calçadas de cimento dos Campos Elíseos, ao cair de patins de aço, deslizando como se sobre o gelo. Meus patins tinham sido presentes de "tio" José, que agora, com papai fora da cadeia, eu pouco via. As duas formávamos uma dupla tão diferente quanto inseparável. Ela, tímida ao extremo, não se poupava em acompanhar a amiga nas travessuras mais ousadas. Certa vez, passamos de patins por um carro estacionado com a porta aberta. Olhamos de passagem e vimos o inesperado: um homem sacudindo veementemente seu pênis para fora das calças. Ao chegarmos à esquina, não titubeamos: olhamos uma para a outra e, sem trocar uma palavra, consideramos a necessidade de confirmar o que talvez tivesse sido uma imagem equivocada. Assim, retornamos pelo mesmo caminho. Era "aquilo" mesmo. Às gargalhadas, quase despencando dos patins, decepcionamos de tal forma o tarado que ele partiu, cantando pneus.

Zina e eu nos encontrávamos diariamente na Pensão Copacabana. E, antes de alcançar a rua, nos fechávamos no espetacular banheiro da antiga mansão do café e nos deleitávamos com o mármore rosa que cobria chão e paredes, torneiras douradas (seriam de ouro?), onde, deitadas no chão ou dentro da gigantesca banheira, tramávamos novas aventuras.

Eu ambicionava ver a família reunida num espaço só nosso, enquanto meus pais pouco se incomodavam. Não desgostava da pensão, mas a verdade é que o único espaço para estudar ou de privacidade que encontrava era em cima de uma jabuticabeira que escalava até o galho mais alto. Era lá que Zina me encontrava depois de me procurar por todos os cantos da pensão.

Como os tempos andavam mais democráticos, com menos repressão, minha amiga falou de um apartamento para alugar em sua rua, a Dino Bueno, onde sua família ocupava uma casa. Fomos ver. Tinha sala, dois quartos, cozinha, banheiro, área e até um quartinho que poderia servir de escritório. Faltava envolver Raquel na empreitada.

Capítulo X

Quando eu ainda morava com vó Mina, costumava dançar loucamente ao som do rádio de nossa casa. Alguém me achou com "bossa", e, com 8 anos, fiz prova para a Escola de Balé do Theatro Municipal, onde fui admitida com louvor pela professora Maria Olenewa, eminente ex-bailarina russa e diretora da casa. É bem verdade que meu pai, tendo saído da cadeia um ano antes, procurou o companheiro e pintor Clóvis Graciano, que fazia parte da mesa julgadora, para dar uma forcinha.

Formadas em coluna horizontal à frente da mesa julgadora, as candidatas deviam repetir em conjunto a coreografia ensinada por Olenewa. Numa delas, a famosa professora me apontou com seu bastão: "Olhem que *grrracinha!*" Vendo que era comigo, caprichei ainda mais nas ondulações dos braços, ora para um lado, ora para o outro, e fui para casa esperar o resultado.

Fosse pela atenção chamada pela russa aos juízes ou pelo empurrãozinho do não menos respeitado artista plástico Graciano, ganhei nota 9. Mas ficou a dúvida: teria talento ou teria sido a forcinha do pai? Apesar disso, fiz jus à nota: as aulas de balé foram o que de melhor podia ter me acontecido.

Por ser a caçula da turma ou ter talento, era sempre quem o professor do primeiro ano escolhia para levantar e mostrar aos alunos como suspender a parceira num *pas-de-deux*. Sonhava em ser primeira bailarina e deslizar pelo palco nos braços de meu belo professor.

Como as aulas terminavam às 7h da noite, quando mamãe não pôde mais me buscar pelo adiantado da gravidez de Luís Carlos, a tarefa ficou com meu pai. Certa noite, ele se deparou, à saída do Municipal, com uma filha emburrada. Eu tinha me desentendido com umas filhinhas de papai do segundo ano, às quais invejava por já usarem malha preta e sapatilha de ponta, enquanto eu tinha de me contentar com uma malha branca, saia branca de pregas e sapatilha sem ponta, figurino que me denunciava como sendo do primeiro ano. A grande maioria das alunas era bem-nascida, pois a profissão exigia que fossem sustentadas. As perspectivas da profissão no país eram zero. E as alunas do curso se comportavam como tal. Implicavam com as pobres, defendendo seu terreno e tornando insuportável a vida delas. Só me dei conta daquele *apartheid* quando resolveram mexer comigo.

Estava no vestiário trocando de roupa para ir embora quando percebi alunas do segundo ano cochichando e rindo de mim.

— Vocês são metidas e bobas — eu disse.

— Bobas? — gritou uma delas. E, olhando para as colegas com suas sapatilhas de ponta cor-de-rosa que eu tanto adorava, montou o que devia ser sua armadilha predileta:

— Você por acaso sabe de onde saiu? — perguntou em meio a risinhos excitados.

— Sei! Sim!

— Então fala? De onde?

— Da barriga da minha mãe!

Ai! Ui! Nossa! foram seguidos de grande gargalhada.

Que merda, pensei, não tinha de responder nada. Disse alguma besteira? Saí danada, pensando que elas ainda acreditavam em cegonha.

Seis meses depois, fui tirada da escola porque papai não mais podia me buscar. A frustração ficou pelo resto da vida.

CAPÍTULO XI

Após o fim da guerra, fui com mamãe, ela de barriga e tudo, ver a chegada dos pracinhas da FEB (Força Expedicionária Brasileira) na praça do Patriarca. Um espetáculo! Sempre gostei das grandes manifestações populares.

Agora, livre do fascismo que ameaçava dominar o mundo, o Brasil podia se orgulhar de estar entre as forças progressistas. Mas havia uma contradição: o país ainda vivia sob uma ditadura. A oposição começou a se mexer.

Já antes, em janeiro de 1945, se realizara na capital paulista o Primeiro Congresso de Escritores, que, além de severas críticas à falta de liberdade, louvava a democracia e exigia eleições livres com o apoio de várias entidades de classe.

Sentindo a pressão, Getúlio anistiou os presos políticos, livrou a imprensa da censura e marcou eleições para a presidência, além de uma Constituinte, para dezembro daquele ano. Surgiram partidos políticos: os antigos liberais formaram a UDN (União Democrática Nacional); por iniciativa do próprio governo, fundou-se o PSD (Partido Social Democrático); e, finalmente, o

PTB (Partido Trabalhista Brasileiro), também apoiado por Getúlio e que tinha como base o movimento sindical pelego.

Devido à atitude dúbia do presidente em se eternizar no poder através de um sucessor, alguns militares ligados a políticos dão um golpe em outubro, ainda em 1945, e conseguem afastá-lo do governo. Acabava ali o Estado Novo. Não o getulismo. Seu líder elege para a presidência o general Eurico Gaspar Dutra (ex-ministro da Guerra) contra o brigadeiro Eduardo Gomes, e a si próprio como senador, embora tenha preferido prosseguir em seu exílio voluntário em São Borja.

Numa atitude absolutamente controvertida, Prestes — após nove anos de cadeia, viúvo de Olga Benário, extraditada para a Alemanha por Getúlio e assassinada em um campo de concentração — lança a palavra de ordem "A Constituinte com Getúlio". Como sempre, o PCB seguia as diretivas de Moscou. É bem verdade que esse apoio vinha desde os comunistas na cadeia, quando Getúlio decidiu alinhar-se aos Aliados. Além disso, ele dera início a certas mudanças políticas externas e internas. Restabeleceu relações com a União Soviética, que, durante a guerra, enviara instruções a todos os PCs para ajudar os governos dos países que fizessem parte da frente aliada, fossem ditaduras ou não. E uma medida econômica do governo selou definitivamente esse apoio: um decreto-lei de junho de 1945 atacava os monopólios que impediam a concorrência e elevavam os preços; a medida possibilitava a desapropriação, pelo presidente da República, das empresas que praticavam atos contrários ao interesse público.

O fato mais importante do período foi a Constituinte de 1946, que acabou servindo aos governos de Getúlio, no segundo período, Café Filho, Juscelino Kubitschek, Jânio Quadros e João Goulart. A Assembleia Constituinte que a elaborou contava com 37 membros, dos quais o PCB tinha 16 deputados e um senador (Luís Carlos Prestes); a bancada do PCB era a mais combativa. Era formada, entre outros, por Carlos Marighella, Jorge Amado, Maurício Grabois,* João Amazonas** e Gregório Bezerra.***

Entre os jornalistas com assento no Congresso para cobrir a Constituinte estavam Carlos Castello Branco, Carlos Lacerda, Samuel Wainer, David Nasser, Edmar Morel, Mário Martins, Joel Silveira. Além de alguns intelectuais interessados em política, como Otto Lara Resende, José Lins do Rego, Ciro dos Anjos, Edgar da Matta Machado, José Olympio, Mário Pedrosa, Guilherme Figueiredo.

Em 1947, o Supremo Tribunal Federal cassou o registro do Partido Comunista pela diferença de um

---

* Líder do PCdoB, desaparecido na Guerrilha do Araguaia na década de 1970.

** Também líder do PCdoB.

*** Dirigente do PCB, arrastado pelas ruas do Recife amarrado pelo pescoço com três cordas (e mantido em pé por três praças) a um jipe, depois do golpe de 1964, por ser o grande líder dos canavieiros.

voto. Por ironia da História, a decisão se baseou em texto da Constituição que vedava a existência de qualquer partido político cujo programa ou ação contrariasse o regime democrático, baseado na pluralidade dos partidos e na garantia dos direitos fundamentais do homem. Todos os deputados e o senador comunistas perderam seu mandato.

Três anos depois, em 1950, o PCB, na ilegalidade, lançava o ultrassectário "Manifesto de Agosto", pregando a luta armada por influência da revolução chinesa.

Capítulo XII

Com idade para frequentar sozinhas as matinês de cinema, eu, Zina e Rosa Goldman, minha outra amiga e vizinha judia, íamos aos domingos ao centro da cidade para assistir aos musicais da Metro Goldwyn-Meyer. Era delicioso ver Fred Astaire, Ginger Rogers, Rita Hayworth e, sobretudo, Gene Kelly em *Cantando na chuva*, e, na volta para casa, deslizar pela rua Dino Bueno em saltos e piruetas, para vergonha de Zina e Rosa, que me imploravam para parar.

Formada assim pela escola de Marx e Gene Kelly, ora sonhava em ser uma valente guerrilheira capaz de libertar os desprotegidos do jugo capitalista, ora em assombrar plateias com minha dança. Enquanto não via a hora de me realizar de um modo ou de outro, me contentava em ter a família reunida no novo apartamento, de onde só sairia para me casar. *Hélas!*

Era costume, em nosso novo lar, abrigarmos exilados espanhóis e portugueses de passagem pelo Brasil. A mim me pareciam figuras impressionantes, homens sérios, lutando contra as sanguinárias ditaduras de seus países, prontos a se sacrificar, passar a vida na clandestinidade, sem família, sem ninguém, mal trocando palavras com seus anfitriões, também eles semiclandestinos. Recusavam ajuda para lavar e passar suas roupas; eram de uma discrição comovente. Fascinavam pela circunspecção, abnegação e bagagem carregada numa única pasta, que lhes dava o aspecto de vendedores de seguros. Vinham conspirar com os comunistas locais, internacionalistas, dispostos a tudo para libertar suas pátrias do jugo de Franco e Salazar — tal como filmados por Alain Resnais, anos mais tarde, em *A guerra acabou*.

Raquel dava suas ordens aos filhos: se a campainha tocasse, olhassem pelo olho mágico; se fosse a polícia, nunca abrir, com ou sem hóspedes em casa.

Capítulo XIII

Passei as melhores férias de minha vida em Catanduva — bem longe da capital paulista — dos 12 aos 14 anos, na casa dos avós de Sara, filha de Maurício, irmão mais velho de papai. Ainda sem saber como eu fora concebida, descobri na biblioteca da cidade o livro de um Dr. Fritz, comportadamente disfarçado de compêndio de biologia. Pelo aspecto, fora muito manipulado pelas interessadas; era dirigido às mulheres, esses seres ignorantes que ainda precisavam de conselhos sexuais em pleno século XX. A obra descrevia a noite de núpcias em todos os detalhes: a esposa devia vestir uma camisola atraente, deitar na cama e esperar pelo marido, enquanto este se preparava no banheiro. (Se preparava como?) Interessadíssimas, primas e amigas grudaram excitadas no livro, enquanto silabavam os movimentos. Nenhuma palavra sobre orgasmo feminino. Desconfio que nem precisava.

Férias seguintes, na mesma biblioteca, outra descoberta fabulosa: *A virgem de 18 quilates*, de Pitigrilli.*

---

* Dino Segre, conhecido pelo pseudônimo de Pitigrilli, jornalista e escritor (1893-1975) que tecia comentários ácidos e humorísticos sobre a sociedade e os costumes.

Descobri que tinha de me livrar o quanto antes de minha hipócrita virgindade.

O primeiro beijo no namorado foi na matinê interiorana de filmes duplos aos domingos. Muito bom! Melhor ainda do que a primeira pegada de mãos, no domingo anterior, também no escurinho do cinema. A sensualidade primeira, recém-despertada, foi minha "viagem". Do nome do rapaz não me lembro. Outros dois namoradinhos surgiram para beijos e mãos dadas.

Enquanto passava minhas férias em Catanduva, fui tirada do Colégio Stafford, por não me concederem a bolsa prometida, mesmo eu tendo feito todo o curso primário em primeiro lugar, e fui matriculada no Caetano de Campos — um belo edifício na praça da República, onde cumpri os quatro anos de ginásio. Não gostei de não ter sido consultada e tirada da escola onde tinha amigas. Mesmo assim, fiz todo o curso numa turma constituída apenas pelas alunas de nota mais alta.

A Escola Caetano de Campos, apesar de muito cotada pela qualidade do ensino (na época, os bons alunos frequentavam escolas públicas, enquanto os demais iam para as particulares), não escapava de ter aulas burocráticas e monótonas, com raras exceções, como a do esplêndido professor de português Raul Schwinden, a quem todas adorávamos.

Acreditando estar na hora de atuar politicamente, fui estudar Marx e Engels no grupo judaico Hashomer, sionista, sim, de esquerda, desejoso de implantar o socialismo em Israel. Como este não fosse meu país, deixei o grupo e entrei para a Juventude Comunista, sem que meus pais soubessem, pois eles não desejavam para a filha a vida de militante: dura, incerta, sacrificada e quase sempre frustrante.

A militância (em pleno "Manifesto de Agosto") era a mais paralisada possível. A ação de liderar uma greve teve, para a inexperiente menina de 13 anos, a consequência de ser eu a única participante. Enquanto protestava contra a violência policial exercida sobre uma manifestação estudantil ocorrida, eu olhava, furiosa, colegas acoteveladas nas grandes janelas do ginásio me observando atônitas, depois de meu discurso em plena sala de aula, após o qual ninguém me acompanhou. Foi a primeira, não a última, greve solitária que promovi.

Aos 15 anos, dei minha única festa de aniversário. Entreguei-me por completo ao preparo da pequena sala do apartamento, tirando móveis, sofá, deixando apenas o piano — grande demais —, presenteado por "tio" José quando me iniciei na música. Foram dele também a vitrola e os primeiros *long-plays* que escolhemos na loja de discos no centro da cidade: Nat King Cole cantando Cole Porter, a coleção completa de Noel Rosa por Aracy de Almeida, em 78 rotações, Ella Fitzgerald, Tommy Dorsey e Waldir Azevedo tocando Pixinguinha.

Convidados chegando — a turma dos vizinhos e a dos judeus —, ganhei meu primeiro vidro de perfume importado do namorado de então, um bancário da vila em frente (deve ter gastado metade do salário nele), e eis que um penetra entra com Boris, primo da Zina. Não foi amor à primeira vista. Ele me tirou para dançar a fim de matar sua curiosidade:

— Você é da Upes [União Paulista dos Estudantes Secundaristas]?

— Sou. Por quê?

— Tem uma foto do Prestes sobre o piano. [Minha mãe era prestista.]

Magro, braços muito compridos, um tanto desengonçado e com altura excessiva para a idade, tinha um jeito de dobrar a mão da parceira para trás, como se fosse uma bandeja, enquanto repousava a sua sobre a dela.

Se conhecia Prestes e sabia que a Upes era dominada pelos comunistas, seria um deles? Chamava-se Oduvaldo Vianna. Vianna para os íntimos, com exceção da mãe, que o chamava de Vianninha. Filho único do também Oduvaldo Vianna e Deocélia Vianna, quando registrado, o escrivão pôs a vírgula antes e não depois do Filho. Assim ficou exatamente com o nome do pai. Tanto este quanto a mãe eram famosos novelistas de rádio, sendo que o velho Vianna escrevia e dirigia também para teatro. Uma de suas peças, *Amor*, fora um grande sucesso de Dulcina de Moraes. O velho Oduvaldo, como diretor, foi o primeiro a eliminar o sotaque português dos palcos brasileiros. O casal era simpatizante do PCB.

Estudante de arquitetura do Mackenzie, Vianna tinha 16 anos. Charmoso, falante e inquieto, gostava de escrever pequenos textos, sempre de ficção. Não pertencia ao movimento estudantil.

Eu fora eleita vice-presidente da Upes durante um congresso de secundaristas, em Sorocaba, aonde fui como delegada. Minha mãe viajou junto, como repórter de *Notícias de Hoje*, jornal do partido, editado pelo padrinho Joaquim Câmara Ferreira.

A Upes, supostamente para servir aos interesses dos estudantes, liderada por jovens comunistas, só fazia política. Naquele congresso, a bagunça estudantil imperava de tal forma que eu e mamãe nos hospedamos num hotel, já que no estádio onde os participantes eram abrigados faltavam colchões, roupa de cama e outras necessidades higiênicas. Lá fiquei conhecendo jovens de "direita", como o combativo Flávio Rangel e o simpático gaúcho Mário de Almeida, este companhia constante minha e de minha mãe nas saídas das reuniões do congresso. Na realidade, aquela "direita" reclamava do excesso de política dos comunistas e da inexistência de restaurantes e atividades esportivas para a massa estudantil. Pelo menos eram essas as palavras de ordem com que combatiam a esquerda. Nunca foi nem será mau para estudantes fazer política, um exercício de cidadania, um combate à alienação. Mas, na verdade, a política da esquerda era muito sectária na época — o que intimidava ou afastava os estudantes.

Ao final do congresso, dia de eleição da nova diretoria, o confronto eclodiu. Como sempre. Após um discurso inflamado de Flávio, em que chamava as garotas presentes de "putinhas" — a direita não tinha representante feminina —, reagi: "Eu não!" E fui apontada por Flávio como exceção: "Você não" — talvez por ter comparecido ao congresso acompanhada por minha mãe. De qualquer modo, era injusto em relação às outras. As comunistas apenas tinham um comportamento mais livre.

A teórica do marxismo, Aleksandra Kollontai, nos primórdios da revolução soviética, defendia o amor livre, e não foram poucas as comunistas em todo o mundo que se anteciparam aos tempos na tentativa de liberar a mulher do implacável único destino de esposa e dona de casa. Não por outra razão, presas políticas da década de 1930 aparecem fichadas no Dops como mulheres de vida fácil. Se o amor livre não frutificou na União Soviética, as mulheres se profissionalizaram em grande escala. Já no século XIX, os *naródniks** incluíam em seu programa a liberação feminina.

Ao perceberem que podiam perder a direção da entidade estudantil, os comunistas trataram de provocar um curto-circuito "acidental" na plateia do teatro onde se realizava o congresso e sumiram com a urna. No escuro, a pancadaria se generalizou e a urna de votação sumiu. Assim, me vi "eleita" vice-presidente da Upes.

---

* Movimento de intelectuais da aristocracia russa que pregavam uma ação de volta ao campo para libertar os camponeses russos da servidão, entre 1860 e 1870.

No dia da posse da nova diretoria, na capital paulista, conheci Gianfrancesco Guarnieri, também "eleito" vice-presidente da Upes. Membro da Juventude Comunista, era um garoto doce, simpático, amistoso, bom de discurso e senso comum. Logo ficamos amigos. Sempre que o Dops aparecia para acabar com nossas assembleias, Guarnica ou Cecco — seus apelidos — se aproveitava da baixa estatura para ser expulso da sala como menor de idade, por determinação policial. Depois das 22h30, menores de idade eram proibidos por lei de frequentar locais públicos. Nós, secundaristas, quase todos menores, saíamos para a calçada. Sobravam apenas alguns, que acabavam presos. Depois de acompanhar as prisões, percorríamos as redações de jornais para denunciar a arbitrariedade policial. Visitávamos delegacias na tentativa de achar os presos.

Cecco também era filho de comunistas. A mãe, Elza Guarnieri, primeira harpista do Scala de Milão desde os 15 anos, viera para o Rio de Janeiro em 1935, contratada pela Orquestra Sinfônica Brasileira. Um ano depois, o marido, violoncelista de um quarteto de Veneza de grande sucesso na Europa — I Veneziani —, também veio junto com o filho como regente da OSB. Guarnica, milanês, tinha então um ano e meio. Fixaram-se depois em São Paulo em 1954, na recém-formada Orquestra Sinfônica Municipal. Edoardo, um homem alto e bonito, formava com Dona Elza, uma bela baixinha tão doce quanto sua harpa sempre na sala, um contraste engraçado. Ela tocava divinamente. Era calada e fazia uma macarronada esplêndida, devorada por mim, Cecco e Vianna na cozinha da acolhedora casa em que moravam.

Fui sendo cada vez mais envolvida pelas atividades políticas: reuniões, estudos de marxismo, abaixo-assinados contra isso ou a favor daquilo, mutirões batendo de porta em porta pedindo dinheiro para mandar companheiros a congressos comunistas da juventude na União Soviética.

Como o Caetano de Campos só tivesse Escola Normal, após o ginásio, fui transferida para o científico do Colégio Rosevelt, no Parque Pedro II. Pretendia fazer Medicina. Algo estranho aconteceu então: as colegas do primeiro ano científico, sem meu conhecimento, combinaram não me dirigir a palavra por eu ter entrado no colégio, segundo elas, à custa de apadrinhamento. Talvez fosse, pois todas as alunas se submetiam a uma prova antes de ingressar no científico. No meu caso, bastaram as altas notas do Caetano de Campos. Numa das primeiras aulas, em atitude desafiadora, a professora de matemática me pediu para defender o teorema de Pitágoras. Levantei e o expus *ipsis litteris*, finalizando com o clássico CQD (Como Queríamos Demonstrar). Antes de me sentar, notei espanto tanto no rosto da professora como no silêncio absoluto do restante da sala. Ora, na minha antiga turma do Caetano, espantoso seria se uma aluna não acertasse uma questão. Um dia, à saída das aulas, uma delas resolveu me acompanhar a pé pelo centro da cidade em busca de condução para casa. Foi minha única amiga naquele ambiente hostil. Muitos anos depois, já editora da revista feminina *Desfile*, compareci a um evento da Rhodia, em São Paulo, e uma publicitária se apresentou a mim como amiga da minha única colega daquele desagradável ambiente no primeiro científico. E me deu a conhecer o boicote do qual fui vítima: eu era discriminada por não ter feito a maldita prova de ingresso. Pobres mentalidades preconceituosas... Fui vítima de *bullying*.

Deslocada naquele ambiente, convenci meus pais a me transferir nos dois anos restantes de científico para um colégio particular, o Bandeirantes, com um duplo período de aulas dirigido para Medicina, para substituir o cursinho.

Se Câmara era o mais presente de todos os grandes militantes comunistas que frequentavam nossa casa, Carlos Marighella uma noite nos fez uma surpresa. Que festa! Não nos víamos desde a cadeia da Ilha Grande. Contentes e à vontade, pouco se falou de política. Essas visitas de antigos dirigentes do Partido nada tinham de reuniões. (Não me lembro de sectarismos por parte dos dirigentes comunistas que frequentavam minha casa, embora os de segundo escalão para baixo gostassem de exibir sua farsa autoritária de cara fechada.) A revolução fazia parte da vida daquela gente como o ar que respiravam; tudo se misturava: vida pessoal, mulheres, filhos, socialismo, companheirismo, clandestinidade.

Marighella era encantador. Líder nato, não precisava dar ordens. Bastava sua palavra. Além de poeta, era um tremendo contador de histórias. Semanas antes, recém-chegado a São Paulo, sem um tostão no bolso, sentiu fome e passou a andar a esmo pela cidade. No bairro da Bela Vista, viu uma moeda de mil-réis brilhando na calçada. Apertou o passo, refez as esperanças. Ao se abaixar para apanhar a pataca, ela sumiu. Miragem? Estava presa por um fio puxado do alto por pedreiros de uma obra em construção. Só ouviu o grito em uníssono:

— Primeiro de abril!

Capítulo XIV

Guerra Fria, Terceiro Mundo, nacionalistas *versus* entreguistas. Essas expressões surgiram após o segundo conflito mundial, cujo saldo foi dramático: 50 milhões de mortos, dos quais 20 milhões de soviéticos e 6 milhões de judeus em campos de extermínio. Esses campos na Alemanha e nos países do Leste Europeu ocupados pelos nazistas têm seu símbolo máximo em Auschwitz.* Todos os judeus asquenazes — como era o caso dos Gertel — perderam parentes nas mãos dos nazistas. Vovô Bernardo costumava me olhar e derramar lágrimas por uma sobrinha muito parecida comigo, fuzilada em Sokul.

A Europa saiu depauperada do conflito, o que possibilitou a ascensão dos países periféricos, com a independência das colônias na África e Ásia que partiram em busca de autonomia. A América Latina mais uma

---

* Os primeiros presos de Auschwitz foram os opositores da ocupação nazista da Polônia. Para lá eram mandados artistas, intelectuais, professores, estudantes e comunistas. O campo continha inclusive uma Gestapo, em separado, com celas onde esses presos eram torturados para dar informações sobre a oposição ao regime nazista; e um muro onde eram fuzilados. Só mais tarde começaram a chegar os judeus vindos do gueto de Varsóvia para morrer nas câmaras de gás.

vez tentava sua libertação do capital estrangeiro. Ficaram dois países dominantes: Estados Unidos e União Soviética. Uma guerra muitas vezes surda, capaz também de atingir níveis histéricos, tal o medo do mundo de ser dominado pelos comunistas.

Essa tensão começou entre nós sob o governo Dutra, que pôs o Partido Comunista na ilegalidade. A Escola Superior de Guerra, a ESG, fundada em 1948 sob a ideologia da Guerra Fria, surgiu com um ideário norte-americano. E contribuiu para a formação de quadros civis e militares que conduziriam à derrubada do processo democrático em 1964.

Getúlio voltou ao poder nas eleições de 3 de outubro de 1950, dessa vez pelo voto popular e apoiado pelos comunistas. Enquanto o brigadeiro Eduardo Gomes era mais uma vez derrotado sob a legenda da UDN, Getúlio fez campanha pela industrialização e pela necessidade de ampliar a legislação trabalhista, mas os udenistas cometeram o erro político de defender a revogação da lei do salário mínimo, segundo eles o grande causador da inflação. Por tentar impugnar a eleição, a UDN ganhou a pecha de golpista, alegando que só poderia ser vencedor o candidato que obtivesse maioria absoluta — o que não constava na legislação da época. E passou cada vez mais a apelar para a intervenção das Forças Armadas.

De maneira geral, os nacionalistas defendiam um desenvolvimento baseado na industrialização e num sistema econômico independente do capital internacional.

Significava dar ao Estado o papel regulador do mercado e investidor em áreas estratégicas: petróleo, siderurgia, transportes, comunicações. Fazendo restrições ao capital estrangeiro, eram contra os Estados Unidos, país dominante no mundo ocidental. Os chamados entreguistas, pelo contrário, pregavam uma menor intervenção do Estado na economia e defendiam uma abertura ao capital estrangeiro em nome do progresso.

Com quase 70 anos, Vargas assumiu um governo complicado, com uma nação ideologicamente dividida. Seu governo, porém, foi atuante. A oposição o acusava de atividades populistas, de pretender criar uma "República sindicalista". Com uma política nacionalista, criou a Petrobras, o monopólio estatal do petróleo, votado pelo Congresso em 1953, sob uma intensa campanha de operários, militares nacionalistas e estudantes. (Outra grande campanha feita pelos comunistas, em 1953, foi contra o envio de soldados brasileiros à Guerra da Coreia.) O mais curioso é que o monopólio estatal fora uma proposta da UDN no Congresso — posição contrária à sua linha em relação à abertura ao capital estrangeiro.

Ainda assim, a oposição não descansaria enquanto não derrubasse Getúlio. Teve sua oportunidade na noite de 5 de agosto de 1954, com o atentado contra o jornalista Carlos Lacerda, líder da oposição entreguista. Sob acusação de corrupção, subversão e escândalos no governo, as investigações da polícia e as da Aeronáutica, chamada República do Galeão, realizadas por própria conta, indicaram Gregório Fortunato, principal guarda-costas de Getúlio, como articulador do atentado. Vi muitas vezes a palavra "renúncia" aparecer pichada nos muros de São Paulo. Até os comunistas apoiavam a retirada do presidente do governo — um de seus maiores erros históricos.

Sem saída, Getúlio comete um último ato contra os entreguistas: suicida-se em 24 de agosto de 1954, deixando uma carta-testamento, documento lúcido da História do Brasil:

[...] Quis criar a liberdade nacional na potencialização das nossas riquezas através da Petrobras, mas começa esta a funcionar, a onda de agitação se avoluma. A Eletrobras foi obstaculizada até o desespero. Não querem que o trabalhador seja livre. Não querem que o povo seja independente.

[...] Os lucros das empresas estrangeiras alcançaram até 500% ao ano. [...] Veio a crise do café, valorizou-se o nosso principal produto. Tentamos defender seu preço e a resposta foi uma violenta pressão sobre a nossa economia a ponto de sermos obrigados a ceder. [...] Se as aves de rapina querem o sangue de alguém, querem continuar sugando o povo brasileiro, eu ofereço em holocausto a minha vida. [...] Quando a fome bater à vossa porta, sentireis em vosso peito a energia para a luta por vós e vossos filhos. Quando vos vilipendiarem, sentireis no meu pensamento a força para uma reação. [...] Lutei contra a espoliação do Brasil. Lutei contra a espoliação do povo. Tenho lutado de peito aberto. O ódio, as infâmias, a calúnia não abateram meu ânimo. Eu vos dei a minha vida. Agora vos ofereço a minha morte. Nada receio. Serenamente dou o primeiro passo no caminho da eternidade e saio da vida para entrar na História.

Capítulo XV

Um dia Noé vira crítico de cinema da mesma *Folha* onde trabalhava. A família se torna cinemaníaca. Havia a facilidade das permanentes que papai possuía para exercer a profissão sem pagar ingresso. Eu, papai e mamãe as usávamos loucamente. Aprendi italiano tentando ler as legendas das revistas de cinema que papai recebia da Itália.

Descobri Bergman assistindo a *Noites de circo*, na década de 1950, no Cine Jussara, no Centro de São Paulo, onde só passava pornografia. O filme foi distribuído apenas ali talvez por haver um nu numa praia. O cinema europeu ainda lutava para furar o bloqueio dos filmes americanos até o surgimento do neorrealismo italiano.

Frequentar o Teatro Brasileiro de Comédia, na Bela Vista, também era uma delícia. Nele descobri o teatro como espectadora. Papai me dava os ingressos ganhos de Franco Zampari, amigo dos Ancona Lopez, sócios da agência de publicidade onde Noé trabalhava para complementar o salário de jornalista — não havia quem conseguisse sobreviver apenas com o trabalho em jornal. Zampari era o empresário do TBC, onde assisti a uma grande variedade de peças com

Cacilda Becker, Paulo Autran, Cleyde Yáconis, Nathalia Timberg, Ítalo Rossi, Sérgio Cardoso, Nídia Lícia, Walmor Chagas e tantos outros excelentes atores sob a direção de Ziembinski, Adolfo Celi, Luciano Salce, Ruggero Jacobbi, Maurice Vaneau, Alberto D'Aversa e Gianni Ratto. (Poucos anos depois, vi a iniciante Fernanda Montenegro apenas atravessando o palco numa ponta — aquela travessia ficou na memória.) As peças, na maioria estrangeiras, tinham exceções para Abílio Pereira de Almeida e Jorge Andrade, embora sempre privilegiando temas burgueses. Talvez tanta frequência a cinema e teatro tivesse amenizado meu sectarismo, que na política não era desprezível.

Certa vez, descendo minha rua Dino Bueno, em direção a minha casa, vi Raquel e Noé subindo, em hora de almoço. Aonde iriam àquela hora? A permanente tensão em relação aos dois me fazia desconfiar sempre do pior.

Iam numa viagem rápida ao Rio de Janeiro e voltariam no mesmo dia. Não podia ser nada bom. À noite, ao voltar da Cultura Inglesa, dou com a cama de solteiro de papai mal-enfiada no pequeno quartinho que lhe fazia as vezes de escritório. Sentado na cama, me chamou para conversar.

— Filha, eu e sua mãe tivemos um problema. [Só um?]. — Queria que falasse com ela. Não quero me separar.

Constrangimento. Não tínhamos intimidade bastante para ele se abrir comigo.

— Pai, não posso mais fazer isso. Mamãe fica tão triste, tão infeliz.

— Filha, por favor, eu gosto dela, não quero sair de casa.

Ficamos nos olhando. Eu o conhecia tão pouco... Nunca fomos íntimos. Nunca compartilhara meus problemas com ele; aliás, com nenhum dos dois. Os tempos não permitiam, e, afinal, já tinham o suficiente com que se preocupar. Eu não queria atrapalhar suas lutas pela sobrevivência e militância. Não me metia. Uma vez apenas, enquanto estava no quarto, abri a porta e pedi que brigassem mais baixo. Fechei a porta de novo e fui atendida.

— Pai, não posso falar com ela. E se acontecer de novo? Como eu fico? Você tem de me prometer que não vai mais haver problemas...

Olhou-me espantado.

Noé tinha uma aparência excepcional. Bonito, charmoso, bossa de jornalista e uma timidez maldisfarçada. Mesmo o terno barato era trajado com elegância. Ia e voltava a pé do trabalho com porte ereto, um grande caminhante. Só fumava, não bebia. As mulheres não o deixavam em paz.

Ao interferir junto a mamãe, não dei com uma fera. Ela parecia cansada, não sei, pacificada, diferente:

— Achei uma carta de amor no bolso do paletó dele. De uma jornalista carioca. Seu pai negou, jurou, mentiu. Dessa vez, eu quis tirar a limpo. Comprei duas passagens de avião para o Rio e fomos à casa da tal mulher. Na frente dela perguntei com quem ele queria ficar. Seu pai disse que me amava e que jamais me deixaria. Pois mesmo assim ela disse que entendia a situação e, se ele quisesse, o aceitava de qualquer modo.

Eu mal consegui imaginar a cena: pai humilhado, mãe intempestiva. Que dupla!

— Ele prometeu que não fará mais — apelei.

Ela resistiu por poucas semanas: a cama dele voltou para o quarto.

Eu tinha paixão por aquela mãe toda emoção, apesar do incômodo que isso também me causava, em contraste com o jeito manso de um pai filho de judeus do Leste Europeu. Ela era a legítima rainha de um lar complicado; alegre ou triste, suas emoções emanavam pela casa e nos contagiavam; tínhamos a impressão de não haver vida sem ela. Eu podia imaginar muito bem a recusa de meu pai em se separar.

Comecei a namorar Vianna com 15 anos, ele, 16 e meio. Filho único, muito charmoso, de temperamento dramático, gostava de chamar a atenção, de fazer graça. Apesar de estudar arquitetura, o que gostava de me mostrar era não os desenhos mas os pequenos textos que já então escrevia. Lá pelas tantas, fazíamos parte da mesma célula ligada ao comitê cultural do PC. Ali ele conheceu Guarnieri, e ambos se identificaram na vontade de fazer teatro. Por influência de Ruggero Jacobbi, excelente tea-trólogo italiano e comunista, os três passaram a tramar um grupo de teatro. Assim fundamos o Teatro Paulista do Estudante, com ata e tudo. Houve uma primeira diretoria e uma segunda, da qual Raul Cortez fez parte como diretor social. Em seguida, entrou como ator também. De início fraco, acabou se tornando um dos melhores atores de nossa geração.

O TPE não tinha vínculos, apesar do nome, com nenhuma entidade estudantil. Dispunha-se a

promover a divulgação da arte cênica junto aos estudantes secundários e universitários; promover espetáculos periódicos destinados a seus sócios; colaborar com as iniciativas que contribuam para a solidificação de nossa cultura; promover a cooperação e a união entre os grupos de teatro amador e de ensino médio; incentivar por todos os meios a cultura da arte teatral; pronunciar-se quanto a todas as iniciativas que venham direta ou indiretamente contribuir para o desenvolvimento de seus objetivos.

Ou seja, seus participantes queriam fazer teatro — sobretudo Vianna e Guarnieri — que incluísse uma militância. Pelo próprio texto da ata, não tínhamos uma visão canhestra, muito menos sectária, da atividade teatral. Como marxistas, não conseguíamos separar teatro, ou tudo que fazíamos, de uma visão política.

Enquanto me preparava para o vestibular de Medicina, assistia, à noite, aos ensaios de *Está lá fora um inspetor*, de John B. Priestley — a segunda montagem do TPE —, talvez a peça mais montada em todo o mundo por grupos de amadores. O TPE ia estreá-la num Festival de Teatro Amador, em São Paulo. Do elenco faziam parte Vianna, Guarnieri na pele do inspetor, Pedro Paulo Uzeda Moreira, Mariuza Vianna (prima do Vianna), Horieta Branco Batista, sob a direção de Raymundo Duprat. Por alguma razão, uma das participantes do elenco, cujo nome não me lembro, e que fazia a mocinha da família, às vésperas da estreia, desistiu, e o grupo ficou desesperado. Reunidos em casa dos pais de Mariuza, em volta de uma mesa, eu, de cabeça baixa, estudando em meus livros, senti de repente todos os olhares concentrados em mim. Fiquei petrificada: a única mocinha ali, fundadora do TPE e que sabia todas as falas de cor de tanto assistir aos ensaios, era eu. Começaram daí minhas encrencas: até então, bem ou mal, meu futuro profissional parecia traçado.

Dia da estreia, nervosismo à flor da pele, tipo injeção de adrenalina na veia — todas as estreias são assim —, a única coisa que você sabe é que não pode desistir. Todos, elenco e público, dependem de você. Nem Guarnieri estava calmo. Cachimbo na boca, ar superior de um inspetor da Scotland Yard, arrebatou o prêmio de melhor ator do Festival. Guarnieri sempre foi, de longe, o melhor ator de sua geração. Vianna e eu ganhamos boas menções nas críticas.

Virei atriz sem a menor noção do que isso significasse como carreira: profissão não reconhecida — em minha primeira carteira de trabalho, na linha profissão está escrito servente. E tínhamos de fazer um exame de saúde igual ao de prostitutas.

Havia uma Escola de Arte Dramática, dirigida por Alfredo Mesquita, mas que não podíamos cursar sob pena de termos de abandonar por alguns anos todo trabalho fora. Não pretendíamos abandonar a militância.

Num Festival Arthur Azevedo de teatro amador, o TPE participou com duas peças do autor maranhense: *Entre o vermute e a sopa* e *Amor por anexins*. Estrelei a primeira sob a direção de Beatriz Segall, a quem dei muito trabalho: não conseguia parar quieta e ensaiava a personagem com a cabeça segura por suas mãos a fim de parecer uma viúva de 30 anos do século XIX.

Éramos muito ignorantes, posto que jovens, mas lutávamos contra isso: passamos a ter aulas particulares com professores da EAD, que viam com simpatia nosso esforço no TPE. Logo, tínhamos ao redor a atenção de críticos como Sábato Magaldi, Décio de Almeida Prado, o italiano Alberto D'Aversa, além de Ruggero Jacobbi, claro, e outros intelectuais e artistas.

Após uma junção do TPE com o Teatro de Arena de São Paulo, na rua Teodoro Bayma, construído e dirigido por José Renato Pécora, trabalhamos numa série de peças sem preocupações ideológicas, para o mesmo público burguês a que todo teatro está acostumado:

Dias felizes, Enquanto eles forem felizes, Uma mulher e três palhaços e o drama *Algemas de cristal*, de Tennessee Williams — todas dirigidas por Zé Renato, como o chamávamos. Serviram-nos de excelente treino e ainda recebíamos cada um o salário mínimo, que, na época, tinha um razoável poder aquisitivo.

Aos 17 anos, minha vida virou um tumulto com tantos afazeres, faculdade, teatro, militância, e desde então nunca mais parou. Desconfiada de que ia levar bomba no vestibular para Medicina, muito duro, optei por Biologia e passei em trigésimo lugar: eram trinta vagas para mais de trezentos candidatos. Não apenas o teatro me fez abandonar a Medicina: dois desmaios me alertaram. O primeiro quando minha mãe chegou em casa operada de um quisto no ombro direito, todo pintado com mercurocromo e na tipoia. Acabei dando mais trabalho do que ela: desmaiei e acordei com meu pai e Zina me fazendo cheirar vinagre. O segundo, ao ter aulas particulares com um professor de História Natural no Hospital das Clínicas. Enquanto esperava ao lado de um colega, também em segunda época, chegou uma ambulância cheia de feridos. Segundo narrativa de meu colega, passou a primeira maca, passou a segunda, a terceira e, na quarta, era eu, desmaiada. Acordei dentro do hospital com residentes de Medicina rindo na minha cara.

A USP construía seu *campus*. Enquanto eu cursava as matérias de Física, Química e Biologia na alameda Glete, a algumas quadras de onde morava, o curso de

Zoologia era em um prédio inacabado do *campus* onde judas perdeu as botas. Para alcançá-lo, uma vez por semana durante um dia inteiro, eu tinha de acordar às 5h da manhã, pegar o único ônibus que saía às 6h do centro da cidade, para chegar lá às 8h. Triste. Depois de chegar em casa à 1h da manhã, na volta do teatro, eu punha o despertador em cima do guarda-roupa, a fim de não desligá-lo quando tocasse. E, como ele era daqueles que acordam a casa inteira, para fazê-lo parar tinha de subir numa cadeira para alcançá-lo. Acabava dormindo nos ônibus, e um dia fui parar dentro da estação de bondes com o cobrador me acordando.

Nessa altura, já acrescentara mais uma atividade: cinema. Roberto Santos, assistente de Nelson Pereira dos Santos em *Rio 40 graus* e *Rio Zona Norte*, dirigia seu primeiro filme, dessa vez paulista: *O grande momento*. Ambientado no Brás, narra a história de um trabalhador (Guarnieri) no dia de seu casamento, sem dinheiro para a festa e pedindo emprestado a gente com menos que ele. Miriam Pérsia no papel da noiva, eu no da irmã, Paulo Goulart e outras eminências, então pardas, além do elenco do Arena como extras durante a festa do casamento, que, como em toda família proletária e italiana, acaba numa briga fenomenal. Uma tragicomédia bem ao estilo do neorrealismo italiano. Tragicomédia também vivida pela equipe que fazia o filme: filmávamos durante toda a madrugada debaixo de um frio de rachar; para matar a fome, nos serviam um sopão que só

Deus sabe o que tinha dentro. Era tempo do cinema nacional chamado "Segura aqui um pouquinho": na falta de alguém para segurar uma gambiarra de luz, apelava-se para qualquer transeunte, que acabava passando a noite sem se mexer e sem ter a quem devolver aquele incômodo poste de luz. Nem celebridades havia — como hoje — para ele curtir.

O grande momento se tornou um *cult* do cinema brasileiro.

Capítulo XVI

O povo ressuscitava após o suicídio de Getúlio, como desejado por ele: promovia manifestações e greves operárias. Vivíamos um período democrático ao qual não estávamos acostumados na América Latina. Com a morte de Getúlio, assumiu seu vice, Café Filho, ao mesmo tempo que se planejava a eleição de um novo presidente. Os comunistas fizeram uma grande campanha pela eleição de Juscelino Kubitschek, do PSD, ex-governador de Minas aliado de Vargas, contra o udenista Juarez Távora, vindo do tenentismo. Como Juscelino venceu por uma margem muito pequena (seu vice, João Goulart, teve muito mais votos do que ele), a eleição de 3 de outubro de 1955 começou a sofrer ataques da reação, que exigia maioria absoluta, algo não previsto na Constituição. Um novo clima de golpe surgia para impedir a posse de Juscelino, sob a alegação de que fora apoiado pelos comunistas. Café Filho se afastou do governo por doença, e em seu lugar entrou Carlos Luz, presidente da Câmara. O homem mais forte do governo, porém, era o general Lott, ministro da Guerra, militar pouco conhecido. Opôs-se rigidamente ao golpe, como cumpridor da lei, na defesa do "retorno ao quadro constitucional vigente", papel que cabe aos militares. Carlos Luz, aliado aos golpistas, quis destituí-lo do ministério, mas o general fincou pé. Carlos Luz foi afastado e substituído por Nereu Ramos, vice-presidente do Senado. Vários golpistas foram presos, e o país permaneceu em estado de sítio até 31 de janeiro de 1956, quando Juscelino tomou posse.

Esse contragolpe de Lott nos animou. Sentíamos orgulho daquela vitória política para garantir a democracia. E alguns frutos dela começaram a surgir nas artes: a segunda metade da década de 1950 inaugurou museus de arte contemporânea, cinematecas, um teatro vigoroso, o Cinema Novo, a Bossa Nova. Em fevereiro de 1956, aconteceu o XX Congresso do PCUS, quando Khruschov denunciou os crimes de Stálin e seus colaboradores. Lembro-me de, ao ler o famoso discurso do premiê soviético, publicado num suplemento especial do *Estadão*, perguntar a meu pai se aquilo era verdade. Nunca esqueci a resposta:

— Pelo jeito, é.

Ele poderia mais uma vez não acreditar, afinal o Pai dos Povos estava sendo revelado como um carrasco. O culto à personalidade parecia cair por terra. Atordoados pelas revelações dos crimes de Stálin — agora pelos próprios integrantes do partido soviético —, vários militantes e intelectuais brasileiros abandonaram o partido, entre eles Agildo Barata, que passou a pregar maior democracia dentro do PCB. Em 1958, com a Declaração de Março, passou-se a discutir esse processo dentro do Partido.

Em nossa base, apesar de tontos com tantas discussões e mudanças, seguíamos no teatro, viajando pelo Brasil, levando-o a recantos onde jamais estivera. Em Salvador, conhecemos Glauber Rocha, ligado à Escola de Teatro da Bahia, com um programa de rádio para o qual fomos convidados a participar lendo textos ou poesias. Já não nos contentávamos em aparecer numa arena ou sobre um tablado, improvisados em qualquer espaço, mesmo sendo, às vezes, para plateias populares e nas mais difíceis circunstâncias — uma vantagem que só a arena propicia. Queríamos ser agitadores culturais.

Raquel sempre nos acusou, a mim e a papai, de às vezes conversar sobre coisas sem a incluir, como se ela estivesse fora. Isso por sermos pessoas que estudaram, eram intelectuais, enquanto ela era uma pobre operária... Maluquices de sua cabeça.

Um dia, na cozinha, numa dessas situações, ela fez uma pergunta que, no calor da discussão, nem eu nem papai respondemos. Foi um deus nos acuda.

Antes que prosseguisse com a ladainha, lembrei:

— Mãe, há muito tempo você deixou de ser operária. Agora é jornalista, trabalha no *Notícias de Hoje* e escreve uma coluna.

Ela me olhou espantada e papai vibrou: nunca mais seríamos xingados de desprezíveis intelectuais.

Raquel sofria enxaquecas terríveis, e, uma noite, tomou tantas aspirinas que passou mal. Plena madrugada, papai me acorda para ficar ao lado dela, enquanto ia chamar tio Isaac. Não havia como ir de condução entre nosso bairro e o contíguo Bom Retiro. Teria de ir a pé. Sentei-me na cama de mamãe e, aos poucos, fui descobrindo que a ingestão excessiva de comprimidos fora proposital. Começou a me dar instruções: se algo acontecesse, eu devia me responsabilizar por meu irmão, meu pai ia tocar sua vida e eu já era uma mocinha.

Não seria sua última tentativa de suicídio.

Capítulo XVII

Eu havia conseguido, finalmente, minha ansiada perda da virgindade — esse hipócrita símbolo do casamento. Eu e Vianna fomos os primeiros na vida de cada um. E, desinformados, a menor ameaça de gravidez nos perseguia.

A intimidade com minha mãe não chegava a me permitir pedir conselhos sobre o assunto. Certo moralismo imperava, mesmo nas famílias comunistas. O namoro nem sempre andava bem: Vianna era um torturador mental, ficando dias sem aparecer, me deixando grudada ao telefone, sofrendo. Amargurava a si mesmo com angústias existenciais, incompreensíveis para mim.

Então, um dia, minha mãe resolveu intervir e, num dos sumiços dele, exigiu que ficássemos noivos. Acreditava com isso que Vianna tiraria o corpo fora por não querer compromisso, e assim ela me afastaria daquele confuso rapaz.

Naquela altura, Oduvaldo e Deocélia, trabalhando no rádio, época áurea das novelas, ganhavam muito bem. Ele largou o teatro ou, como dizia, o teatro o deixara, e ambos trabalhavam nas Emissoras Associadas, de Assis Chateaubriand, na Tupi Difusora. Moravam num apartamento quase em frente à rua Teodoro Bayma, onde ficava o Arena, e era nele que o TPE se reunia.

O velho Oduvaldo nunca fora muito bom em lidar com dinheiro e havia exagerado na construção de uma casa no Sumaré, projeto do arquiteto Vilanova Artigas com todas as loucuras permitidas na época pela arquitetura modernista. A casa ficou espetacular, porém estranha. Demos muitas de nossas festinhas nela, durante todo o tempo em que ficou vazia. O casal nunca chegou a morar lá.

Como a rua fosse muito movimentada, Artigas planejou a cozinha na frente e os quartos nos fundos, num declive do terreno, onde havia uma vista, embora os quartos ficassem muito pequenos. Rampas substituíam as escadas dos três ou quatro níveis da moradia — grande ideia —, percorrendo os salões num dos quais havia um painel de Clóvis Graciano pintado na parede — *As catadeiras de café* —, lindo! Toda a poupança do casal fora gasta naquela mansão, que acabou hipotecada à Caixa Econômica e praticamente perdida, quando Oduvaldo, sem razão aparente, foi demitido das Associadas por Edmundo Monteiro. Deocélia, num ato impensado, segundo ela, pediu demissão em solidariedade ao marido, e ambos foram obrigados a se mudar para o Rio ao receberem um convite de Chateaubriand, o dono das Associadas, para Oduvaldo dirigir a TV Tupi.

Vianna continuou em São Paulo no mesmo apartamento. Já abandonara a arquitetura, deixando o pai furioso, e, a partir daí, se é que algum dia ambos foram próximos, o afastamento se tornou maior ainda.

Filho e marido eram as paixões de Deocélia. Jovem secretária vinda do interior do Paraná para trabalhar com um patrão com quem acabaria por se casar — depois de ele ter se separado da primeira mulher, a atriz Abigail Maia, com quem tivera duas filhas —, Deocélia tinha metade da idade de Oduvaldo.

O plano de Raquel não deu certo, eu e Vianna ficamos noivos, de aliança e tudo. Seria uma indicação de que me amava? Devia ser, mas comunista não tem muito tempo a perder com essas firulas. Além do mais, é tão difícil saber o que é o amor... Ser esposa e mãe àquela altura nem me passava pela cabeça, ainda não fazia parte de meus sonhos românticos. Se estes não descartavam aquela paixão adolescente, giravam mais em torno de minha persona revolucionária, de armas ou não nas mãos, lutando com companheiros para implantar o socialismo.

Nossa turma estava deixando de ser aquela das festinhas, dos amigos quase todos judeus, com exceção de Vianna e de Aparício. Aliás, foi por este que minha amiga Zina se apaixonou e vice-versa. Era um rapaz bonito, alto, moreno de olhos azuis, educado e descomplicado, enquanto ela fugia dos pais e se escondia para namorar o gói. Vivíamos tramando e correndo riscos em função disso. E foi justamente quando nossa amizade, forte e inseparável, sofreu um abalo.

Uma noite, ao chegar a sua casa pela entrada lateral do jardim, ouço na cozinha uma discussão entre ela e a mãe:

— Não admito, proíbo. Quem meteu essas ideias na sua cabeça foi Vera, não é? Não quero mais que ande com ela.

Voltava sobre meus próprios passos quando Zina me alcançou, já perto do portão. Percebeu que eu tinha ouvido o que não devia. Droga! O namoro fora descoberto. Um gói na família? Nunca! A pressão foi tanta que ela terminou o namoro, e aí quem ficou furiosa fui eu:

— Você vai acabar se casando com um judeu careca, baixo e gordo, só porque teus pais querem — gritei.

Um misto de pena e raiva se apoderou de mim. Ela não tinha o direito de se acovardar a ponto de não escolher o homem de sua vida.

Ficamos um bom tempo sem nos ver, mas Zina ainda era a única a quem podia contar, orgulhosa, que não era mais virgem. Quantos sonhos, quantas ânsias, quantas confidências tinham sido trocados antes para que se perdessem no silêncio. Como todas as adolescentes, vivíamos trancadas no seu ou no meu quarto, estudando ou cochichando, chorando ou gargalhando. Dessa vez, a confissão foi no meu quarto.

— Perdi a virgindade — declarei com pompa.

Ela aspirou um ah! assustado:

— E agora? Agora você vai ter que casar com ele.

Fiquei chocada. Não podia acreditar. Esperava que ela pulasse de alegria com a minha liberdade. Não entendia sua frase. Pois então ela não seria a primeira e única a me parabenizar e a quem podia me abrir? Murchando, acabrunhando, fiquei sozinha naquela morte de uma ousada adolescência a duas.

Restou o teatro. Augusto Boal se reuniu ao nosso elenco permanente, como diretor, recém-chegado da Universidade de Columbia, aonde fora estudar artes cênicas. Montou *Ratos e homens*, de John Steinbeck, com Guarnieri e José Serber nos papéis principais, ambos premiados. Depois veio *Juno e o pavão*, de Sean O'Casey, que deu a Vianna seu primeiro prêmio como melhor ator. Fui receber em seu lugar a estatueta do Prêmio Saci no palco do pomposo Cine Marrocos, impedido que ele estava, atuando na peça. Naquela época, todos os teatros ofereciam nove sessões por semana: de terça-feira a domingo, às 21h, matinê na quinta às 17h, duas sessões noturnas aos sábados, 20h e 22h, e outra matinê aos domingos, às 16h. Em compensação, num elenco permanente, nunca ficávamos desempregados: ou estávamos ensaiando a próxima peça à tarde, ou representando à noite, ou as duas coisas ao mesmo tempo.

Depois de algumas indesejadas suspeitas de gravidez durante os cinco anos em que eu e Vianna fomos amantes e noivos, um dia engravidei. Mal completara 20 anos. Não queria contar a minha mãe, para lhe poupar o problema. Vianna, então, telefonou para a sua, no Rio, e, depois de uma conversa na minha frente, desligou desanimado:

— Ela diz que devemos nos casar.

Como explicar que, apesar de noivos, preferíamos que tudo continuasse como estava, fazendo teatro, viajando, militando...

Estávamos pelo interior paulista levando as peças para todos os cantos e, quando voltamos, fomos direto à minha mãe com a solução pronta. Assim não haveria recriminações. Depois de nos dar os parabéns, bater palmas pela chegada de um neto, desmanchou a cara de contente e, meio ralhando, com um meio sorriso nos lábios, soltou a pérola:

— E eu que confiei tanto em vocês.

Tranquei o curso de Biologia na USP em meados do segundo ano, e três meses depois estávamos casados. Não passei pelo vexame de arrastar véu de noiva pela igreja. Bastaram o civil e uma festinha no apartamento de meus pais. Escolhi para padrinhos Joaquim Câmara Ferreira e Léo, sua mulher. Com isso, legalizei o futuro "Toledo" como padrinho. Os de Vianna foram Guarnieri e sua prima, Mariuza. A notícia boa é que agora podíamos fazer amor à vontade. A ruim é que iríamos nos mudar para o Rio, onde Vianna trabalharia escrevendo para o rádio, a fim de nos manter. Mulher grávida não tem vez no teatro, e não poderíamos sobreviver apenas com o salário dele.

A lua de mel de uma noite foi no conjugado que meus pais possuíam em São Vicente. A minha camisola era linda! E também não esqueci o conselho de minha tia Julieta antes de partirmos. Muito séria e sentada na cama de minha mãe, sentiu-se na obrigação, por ser a mais velha, de dizer:

— Nelinha, tome cuidado. Você não pode tomar banho de mar na manhã do dia seguinte. Faz muito mal.

Era a mesma tia Julieta que pariu seis filhas, todas criadas apenas para casar e ter filhos, tiradas da escola após o curso primário, caso contrário não arranjariam marido. Será que ela não desconfiava que eu estava grávida, e esse fora o motivo do apressado casório? A verdade é que nem meu pai desconfiou. Minha mãe não deve ter-lhe falado tudo. Que época!

Alugamos um apartamento na avenida Copacabana, no mesmo prédio onde já moravam os pais de Vianna, próximo à avenida Princesa Isabel.

Barrigudinha de cinco meses, deitada no sofá, Vianna escrevendo ao lado, recebo um telefonema de papai, malandro em dar trotes:

— Estamos pensando, filha, em dar um pulo ao Rio dia desses para uma visita. O que acha?

Cinco minutos depois, toca a campainha e, ao abrir a porta, me deparo com ele e mamãe. Atirei-me em seus braços com o mesmo ímpeto amoroso de quando ele fora libertado na porta do Dops. Agora já sabia que ia ser avô.

Vianna escrevia seus programas de rádio, mas estava triste. Era evidente que não se sentia feliz longe de

São Paulo, sobretudo do Arena. Eu também, embora com a gravidez estivesse em outra.

Em fevereiro de 1958, três meses após meu casamento, Guarnieri estreou sua primeira peça: *Eles não usam black-tie*, dirigida e rebatizada por Zé Renato numa provocação ao TBC, Teatro Brasileiro de Comédia. Quando fui a São Paulo ver meus pais, assisti ao espetáculo. Que beleza! Que texto, direção e elenco: Eugênio Kusnet, Lélia Abramo, Guarnieri, Miriam Mehler, Milton Gonçalves, Flávio Migliaccio, Chico de Assis, Celeste Lima, Riva Nimitz e Henrique Cesar. Foi um enorme sucesso de crítica.

Passada numa favela carioca, *Black-tie*, que recebera do autor o título original de *O Cruzeiro lá no alto*, era sobre um operário obrigado a furar uma greve porque sua namorada estava grávida e ele precisava se casar, não podia perder o emprego, enquanto seu pai era preso pelo Dops como chefe do movimento. Pela primeira vez, num texto da dramaturgia brasileira, o povo aparecia em cena como protagonista.

Voltei para o Rio entusiasmada. Vianna já vinha escrevendo uma segunda peça (a primeira, em um ato, foi *Bilbao, via Copacabana*) em três atos, sobre corrupção no futebol, e achei que não havia por que mudar tão radicalmente de vida por estarmos casados e esperar um filho. Decidida, escrevi uma carta a Guarnieri, sem Vianna saber. Dizia considerar um absurdo Vianna estar fora do teatro justo numa fase tão boa do Arena, com a decisão de montar apenas peças nacionais, e achava que poderíamos viver só com o salário dele no Arena; pedia que não contasse a Vianna sobre a carta e indagasse se Zé Renato não o quereria de volta. Se assim fosse, Zé podia lhe enviar uma carta com um convite para retornar ao elenco permanente. Dessa forma, não haveria recusa nem interferência dos pais de Vianna.

Quando Vianna recebeu a proposta de Zé, me perguntou o que eu achava. Ora, deveríamos voltar já.

A princípio, ficamos no apartamento de meus pais, com o boa-praça de meu irmão cedendo o quarto e dormindo na sala. Foi muito bom! Parti para procurar um apartamento e encontrei um conjugado com boa cozinha e bom banheiro na rua Barão de Limeira, mesmo bairro dos Campos Elíseos, a poucas quadras de onde eu morara. Tudo se encaixava: Vianna entrou no papel de Guarnieri, em *Black-tie*, justo na hora em que Guarnica queria se afastar para entrar na montagem de sua segunda peça, *Gimba*, produzida e interpretada por Maria Della Costa, em seu teatro, e dirigida por Flávio Rangel. Eu recebi, finalmente, o dinheiro do filme *O grande momento*, das mãos de Nelson Pereira dos Santos, seu produtor. Com ele mobiliamos o apartamento. Vianna desenhou os móveis para um marceneiro, escolhemos juntos os padrões dos sofás: um era um sofá-cama de casal que fechávamos durante o dia; o outro, meu colchão de solteira estofado com bom gosto; estantes baixas no restante das paredes, uma mesinha de centro, uma cozinha modesta, um pequeno armário entre o quarto e o banheiro; havia ainda uma saleta de entrada onde ficariam o berço e a cômoda do bebê. Para comprar os dois vendi meu piano abandonado em casa de mamãe.

Estávamos felizes. Não poucas vezes Guarnieri vinha jantar conosco, quando eu botava mais água numa sopa de macarrãozinho e depois comíamos com avidez as deliciosas salsichas com salada de batatas da Salada Paulista, que eu comprava na avenida Ipiranga.

Jamais esqueci o dia em que Aracy Balabanian, sua irmã e Celeste Lima, do elenco do Arena, tocaram a campainha do apartamento. Quando abri a porta, me deparei com as três carregadas de lindas caixas embrulhadas em celofane e com laços de fita, contendo todo um enxoval de bebê feito por elas. Ou das roupas de sua última gravidez, que me foram cedidas por Beatriz Segall.

Nesse ínterim, Guarnieri casou-se com Cecília Thompson. Vianna e eu fomos padrinhos, e houve uma festa na linda casa de Lasar Segall, onde morava seu filho Maurício, casado com Beatriz.

Era comovente essa solidariedade, pois ganhávamos muito pouco, sempre dependentes da bilheteria, vivendo de vales ou das parcas subvenções do Estado para montarmos novas produções.

Em junho, no mesmo ano de 1958, numa noite em que assistíamos a *Panorama visto da ponte*, de Arthur Miller, no TBC, numa segunda-feira de sessão especial para a classe teatral — único dia de folga —, voltamos para casa e, de madrugada, senti a bolsa d'água se romper. Acordei Vianna, que, rápido, foi chamar meus pais (não tínhamos telefone). Era já de manhã quando parti com mamãe para a maternidade, sempre com aquela respiração de cachorrinho, pondo em prática os ensinamentos do médico para parto sem dor.

Sem dor para quem, cara pálida? Berrei um dia e uma noite, nos intervalos da malograda respiração de cachorrinho, enquanto o obstetra não chegava. Para variar, houve um erro médico no hospital, com a doutora de plantão (que certamente nunca tivera filho) insistindo em ser um alarme falso, com olhar de desprezo para minha inexperiência, apesar de os intervalos entre as contrações serem de segundos. Eu quase desfalecia, quando, afinal, resolveram chamar meu obstetra, que ficou horrorizado. O hospital, exalando competência, só queria chamar o médico na hora próxima ao evento. Mas nem sempre quem sabe faz a hora. Doutor assustado, eu, com a barriga cheia de estrias, com um bebê querendo sair de qualquer jeito, e urrando de dor. O médico constatou que, como não havia dilatação suficiente, eu precisaria de uma cesariana. Perguntou-me se preferia anestesia local para assistir ao nascimento. Eu só queria dormir. A anestesia foi geral, e Vianna e minha mãe assistiram ao nascimento atrás de um vidro acima da sala de cirurgia.

Acordei horas depois, grogue, e perguntei a minha mãe:

— O bebê nasceu perfeito?

— Perfeito — ela respondeu.

— Menino ou menina?

— Um garotão enorme.

Dormi de novo.

Despertei de verdade e pedi para ver meu filho. As enfermeiras o trouxeram para mamar, e ele era o recém-nascido mais lindo que eu já vira na vida. Comentei com mamãe.

— Pronto — disse ela. — Já virou mãe coruja.

Ele tinha uns olhos enormes e bem abertos (para mim ou para o mundo?), bochechas rosadas, boca perfeita — nada a ver com aqueles ratinhos amarfanhados que se veem por aí quando nascem. Juro que não esperava criança tão linda e forte. Minha sogra, quando ele tinha uns 3 anos, disse que isso se devia ao fato de os pais serem muito jovens. Eu, com 20, Vianna, 21. (E quando escrevo estas notas sinto uma ternura imensa por meu ex-marido.)

Nasceu no dia 21 de junho de 1958, uma semana antes da decisão da primeira Copa do Mundo em que o Brasil saiu vencedor. Tornou-se fanático por futebol, sabe tudo sobre todos os jogos, mesmo os anteriores ao seu nascimento, e teve seu primeiro bom emprego na TV Globo justamente por isso — apesar de toda a minha campanha contra aquele fanatismo. Futebol, para mim, sempre foi o ópio da massa brasileira.

Já tinha nome o pequerrucho. Grávida ainda, o pai e eu assistimos na televisão a uma entrevista de Vinicius de Moraes em que o poeta louvava as mulheres, muito mais corajosas do que os homens: ao voltar de uma viagem ao Uruguai, certa vez, o piloto pediu que todos se dobrassem e segurassem a cabeça, porque o avião sofria uma pane e seria obrigado a um pouso forçado. Sentada à frente, uma francesa com a qual Vinicius trocara algumas palavras durante o voo virou-se para trás e lhe desejou tranquilamente:

— *Bonne chance, monsieur.*

Vianna escolheu dar o nome do poeta ao filho.

No dia em que saí da maternidade com meu filho no colo, ao me despedir das enfermeiras, tive uma crise de choro. Táxi esperando, apesar da presença de mamãe e de tia Isaura, pressenti que, daqueles degraus em diante, eu não seria mais uma só.

Minha vida virou de cabeça para baixo: não podia ir ao cinema, não podia trabalhar. Inexperiente, uma noite passava fraldas (as descartáveis não existiam) quando os fios do ferro se soltaram. Com uma chave de fenda, fui prender os fios no lugar. Deu-se uma explosão e a luz apagou. Minutos depois, ouvi batidas na porta e um homem com vela na mão queria saber onde fora o curto-circuito no prédio. *Mea culpa.* Gentil, advertiu-me que, antes de mexer nos fios, eu deveria ter desligado a tomada. Era uma menina passando fraldas do menino que dormia ao lado.

Sem frequentar amigos, sem trabalho, com um marido passando dia e noite no teatro, me sentia profundamente infeliz. Minha mãe reclamou: do que eu me queixava afinal? Tinha um filho lindo, um marido, uma casa. Passeava com Vinícius, dava-lhe de mamar, levava-o ao pediatra. Apesar disso, sentia grande insegurança. Um dia, indo até a casa de minha mãe, passei por uma mulher que me chamou a atenção:

— Com um calor desses e o bebê de gorro na cabeça?

Tirei-o imediatamente.

Na volta, outra mulher:

— Tão pequenininho e sem gorro?

Fiquei conhecendo a inveja humana. Daquele momento em diante, ninguém mais daria palpite sobre como cuidar de meu filho.

Quando Vinícius estava com 3 meses, o Arena excursionava pelo interior de São Paulo com *Black-tie*. Campinas era a última cidade. Mamãe se ofereceu para ficar com ele a fim de que eu pudesse ir até lá fazer uma surpresa a Vianna. Guarnieri foi comigo. A surpresa quem ia ter era eu. Ele não escondeu seu desagrado com a minha presença. Mas não apenas ele: todos do elenco polidamente me evitavam. Só Zé Renato sentou comigo num banco e trocamos algumas palavras triviais. Sem saber o que acontecia, estranhei mais ainda quando Vianna pediu ao Guarnieri que o substituísse naquela noite porque preferia voltar comigo para casa.

Durante a viagem de volta, no ônibus, perguntei-lhe muitas vezes o que havia. De cara fechada, trancou-se em mutismo.

Ao chegarmos em casa, fui tomada de fúria: batia portas, fechava e abria armário com estrondo.

— Agora você vai falar — eu disse.

Nada. Ajoelhei-me a seus pés.

— Vamos, eu ajudo. É por causa da tua peça [*Chapetuba Futebol Clube*]?

Meneou a cabeça.

— Se está difícil, vamos ler juntos outra vez.

— ...

— Está infeliz no Arena?

— ...

— É por causa de dinheiro?

— ...

— Zé Renato desistiu de montar a peça?

— ...

— Boal não quer dirigir?

— ...

O silêncio me consumia.

Por fim, a última. A que nunca imaginei fazer:

— Você está apaixonado por outra mulher?

Afirmou com a cabeça.

Caí sentada.

Entre namoro e noivado tinham se passado cinco anos sem infidelidades. Fazia menos de um ano que nos casáramos e ninguém o obrigara a isso. Nosso filho tinha 3 meses.

— Eu conheço? — consegui balbuciar.

Outra afirmativa.

— Quem é? — gaguejei.

— Miriam Mehler.

Ele se mostrava tão infeliz que preferi ser racional:

— Não tem problema. A gente se desquita.

Não sei como essas palavras saíram de mim. Nunca soube. Estava em estado de choque.

Término da confissão:

— Quando você estava no hospital para dar à luz, eu não sabia se pensava nela, no filho que ia nascer ou em você.

Era só isso? Um beijo na boca entre Tião e Maria, personagens dos dois, e ele acreditava estar apaixonado? Jogava fora toda a nossa vida em comum? Assim, tão fácil? Ou a minha proposta de separação é que era simplória?

Era o Vianna perfeito: gostava de brincar com os sentimentos dos outros. E não seria a última vez que jogaria com os meus.

Dia seguinte, ele saiu depois do almoço para ensaiar *Chapetuba*, sob a direção de Boal.

Desabei.

Capítulo XVIII

Até lermos Sartre, introduzido no grupo por Chico de Assis, tudo o que sabíamos sobre filosofia se restringia a Marx. Nossa ignorância continuava grande, e, em matéria de cultura literária, deixávamos muito a desejar. Alguns traziam uma bagagem de leitura do *Tesouro da juventude*, os infantis de Monteiro Lobato, um pouco de Dostoiévski, Liev Tolstói, José de Alencar, Joaquim Manuel de Macedo. Eu, pelo menos. Nenhum de nós tivera em casa um tipo de formação cultural extracurricular. Vianna e Guarnieri tentavam corrigir a deficiência lendo escritores nacionais e estrangeiros. Eu tinha outros afazeres: filho, casa, cozinha, fraldas para passar, e, com exceção da limpeza doméstica, feita por Dona Maria, empregada emprestada por minha mãe, tinha de me virar — lavava fraldas, depois do teatro, à noite, para acordar às 6h e dar a primeira mamadeira. Dona Maria, pequenininha, redondinha, que falava muito e baixinho — nunca entendíamos o que dizia —, foi uma auxiliar prestimosa. Quanto mais velha ficava, mais incansável, mais dedicada e mais parecida com a melhor mãe, avó e bisavó da literatura: a inesquecível Amanda de *Cem anos de solidão*, no fim da vida virando uma ameixa seca rolando pela casa, sem enxergar, cheia de afazeres.

Ler Sartre nos levou a indagar: o que seria mais importante, o coletivo ou o indivíduo? Como se marxismo e existencialismo se resumissem a isso. Tudo o que eu sabia sobre Sartre estava no comportamento das existencialistas francesas, vestidas de preto, fumando e bebendo pelos cafés de Paris. As discussões eram intermináveis. No Arena discutíamos sobre tudo. O antagonismo entre Marx e Sartre era um dos temas preferidos. Chico era um indispensável provocador, e nós nos esforçávamos por descobrir que destino deveria ser o nosso.

Boal me foi inesquecível naquela etapa de profunda tristeza. Ao saber por Vianna de nossa situação, achou seu dever ter uma conversa comigo. Sentamos numa lanchonete na avenida São João, eu pedi uma salada, ele, como bom descendente de portugueses, miolos à doré. Contei o quanto me sentia perdida depois do fracasso matrimonial, e ele me sugeriu ler *O segundo sexo*, de Simone de Beauvoir, recém-editado no Brasil. (Dias depois me deu de presente.) Conversamos sobre mim. Aí me espantei com seu desconhecimento do passado recente e político de nosso país. Fez até cara de quem não acreditava na existência da repressora ditadura getulista, na prisão e tortura da oposição. Quem diria que na ditadura posterior, ele, já então um homem de esquerda, viesse a aprender dolorosamente na própria carne.

Minha grande descoberta com a leitura de *O segundo sexo* foi poder ser uma pessoa, um indivíduo, sem o suporte de um marido. Não era obrigada a me casar e ter filhos para ser mulher, ser alguém. Poderia tocar minha vida e a de meu filho (eu era dois) sozinha? Sem um "ele"? Aí entravam duas questões: a da individualidade propriamente dita e a do Ser feminino. Porque ainda me sentia rejeitada como mulher. Uma providência se impunha...

Invadi a casa de minha mãe anunciando a novidade:

— Mãe, não fique triste com minha separação. Nunca me senti tão livre e solta, e vou usar essa liberdade a meu favor.

Eu estava de verdade disposta e acreditava que a confusão tinha sido desfeita. A tristeza idem.

Ela mostrou descrédito. Mas ambas tínhamos um espírito prático, não ficávamos por muito tempo batendo na mesma tecla, se lamuriando. E me deu um conselho:

— Você era do TPE e do Teatro de Arena. Peça seu lugar de volta.

— Como? Não posso obrigar Zé Renato a me recontratar.

— Por que não?

— Não há lugar no Arena para mim agora. *Black-tie* está em cartaz e *Chapetuba* só tem um papel feminino, que foi dado a Riva Nimitz.

— Vai lá e conversa.

Embora constrangida, tomei coragem.

— Zé, eu já posso voltar a trabalhar. Meu filho está com 3 meses, toma mamadeira. O que você acha?

Não me lembro de ter pedido o papel de Miriam. É possível, porém não faz meu estilo, sou muito orgulhosa. E, se pedi, me violentei. Zé Renato me respondeu que Miriam estava mesmo querendo sair da peça e que eu podia substituí-la.

Ia voltar a trabalhar em parceria com Vianna. Ainda morávamos juntos e assim continuaríamos por mais três anos, por razões financeiras e falta de decisão dele. Décadas depois, lendo o depoimento de Miriam na biografia de Vianna escrita por Dênis de Moraes, soube que a situação dela no elenco ficou insuportável: mal falavam com ela; ela e Vianna jamais fizeram amor. O caso ficou como algo inacabado, apenas começado. Era bem dele criar dramas onde não existiam e depois ficar infeliz. O tiro deve ter-lhe saído pela culatra, pois de imediato lhe restituí a liberdade para que ficasse com quem quisesse. Até marquei um encontro com Miriam para lhe comunicar minha decisão:

— Não quero mais o Vianna. Pode ficar com ele.

Assumi o que deveria ter sido meu lugar desde a estreia de *Black-tie*. Assumi humilhada, pouco me dirigindo aos colegas, com o orgulho ferido.

Guarnieri se afastara do Arena para a montagem de sua segunda peça, *Gimba*, no Teatro Maria Della Costa, sob a direção de Flávio Rangel. *Black-tie* seguia em cartaz com apoio da crítica, mas com pouco público. Então, fomos viajar pelo interior, levando também outras peças no repertório, como a comédia *Marido magro, mulher chata*, de Boal.

Durante a viagem, aconteceu de tudo. Percorríamos estradas impossíveis como cobaias de uma empresa de automóveis para testar seus carros. Estradas empoeiradas ou lamacentas em que atolávamos, às vezes, a cada hora. Tínhamos de descer dos carros embaixo de chuva para diminuir o peso e atravessar pontes que mal se aguentavam. Em sua autobiografia, Boal narra uma cena em que eu e Lélia Abramo, encharcadas, água escorrendo pelos óculos, empurrávamos carros atolados. No Arena não havia lugar para estrelismos. Eu ajudava a carregar cenários com os rapazes, fazia luz de espetáculos, subia em andaimes para trocar o filtro dos refletores. Tempos bons, aqueles. Nem figurinos havia, usávamos roupas nossas nos espetáculos.

Nelson Xavier e eu, abraçados numa cena de *Black-tie* no papel de irmãos, eu chorando em seu ombro por ter de largar o noivo (Vianna), que furara a greve e por isso ia ser expulso do morro, acabamos nos agarrando e ficando cada vez mais íntimos. Porque eu precisava provar que não era rejeitada como mulher. Que podia ser desejada. Tornamo-nos amantes.

Uma noite, ao entrar em cena no escuro pela arquibancada de um clube em cuja quadra de basquete *Black-tie* era encenado, torci violentamente um pé num dos altos degraus de cimento. Cheguei à arena e me agarrei na única cadeira existente, passando mal de tanta dor. Com a mudança de marcação — eu em pé sem soltar as costas da cadeira, fiz a cena, apesar do olhar espantado de Lélia, que não entendeu o que acontecia.

Meu pé virara uma bola, e, quando terminou a cena, saí para a coxia e Xavier o amarrou forte para que eu pudesse ir até o fim do espetáculo. Ao terminá-lo, queriam me levar ao hospital.

— Só vou se não deixarem engessar meu pé. Promete! — exigi de Vianna.

A promessa de nada adiantou: saí de lá com a perna toda engessada e sem saltinho para poder andar.

Na volta à pensão onde estávamos hospedados — todo mundo ia junto a todos os lugares —, paramos para abastecer um dos carros. Xavier era um dos motoristas e, enquanto o frentista ia pondo gasolina, resolveu dar uma volta pelo posto. De repente ouvimos um ai... Ai... Ai... E talvez uma palavra mais que prefiro não repetir. Procura daqui, procura dali numa escuridão de breu, Milton Gonçalves acabou achando Xavier no fundo de um poço, desses que servem para trocar o óleo de carros.

Voltamos ao hospital, dessa vez para engessar o braço de Xavier.

Quando finalmente chegamos à pensão, Vianna me carregou no colo até meu quarto.

Éramos jovens, e, de tipoia e tudo, à noite, Xavier escalou a janela de meu quarto para ficar comigo, apesar da perna engessada.

Chegou o ano de 1959, da célebre temporada carioca de *Black-tie*. No Rio, eu, Vianna e Vinícius ficamos hospedados no apartamento dos pais dele no famoso Conjunto dos Jornalistas, na Ataulfo de Paiva, 50, próximo ao Jardim de Alah, no Leblon. Como se tratava de um apê de três quartos, ocupamos um; Vinícius dormiu no escritório, onde durante o dia Deocélia escrevia novelas para o rádio. A pedido dela, para mim, pagamos pela estada. Vianna me entregava quase todo seu salário. O meu e o dele, depois de paga a estada, mal davam para o chope e algum jantar depois do espetáculo, junto com a turma.

A temporada foi um "escândalo", como gosta de qualificar Flávio Migliaccio. Até críticos como Paulo Francis — algoz do pessoal de teatro — nos elevou ao que de melhor assistira no teatro brasileiro até então. Salve Francis, que ficou nosso amigo e franco admirador. Vivíamos rodeados pela gente de teatro e, sobretudo do cinema, como Glauber, já morando no Rio, Leon Hirszman, Joaquim Pedro de Andrade.

O público carioca lotava o teatro todas as noites, e eram palmas de não mais acabar. Tínhamos inaugurado o Teatro de Arena do Super Shopping Center, ainda em construção, na rua Siqueira Campos. O público ficava sentado sobre uma precária arquibancada, e nós, no centro, sobre um chão de cimento.

É bom lembrar que o Rio de Janeiro ainda era a capital da República, com um nível cultural e político invejável, capaz de irradiar para todo o país tudo que nela acontecia de bom ou de ruim. A imprensa nos publicava quase todos os dias em seus segundos cadernos, sobretudo o *Jornal do Brasil*, diagramado por Amílcar de Castro e dirigido pelo jornalista Janio de Freitas. Era o mais lido do país — no Caderno B estavam Reynaldo Jardim e Ferreira Gullar.

Em janeiro de 1959, Guevara e Camilo Cienfuegos esperavam por Fidel às portas de Havana, para juntos adentrarem a capital de Cuba triunfalmente, numa vitória guerrilheira desacreditada por muitos, partidos comunistas inclusive. Aquela revolução, capaz de derrubar um dos mais sanguinários ditadores da América Latina, aquecia nossos corações e esperanças. Vivemos intensamente aquele ano memorável, véspera dos não menos célebres anos 1960.

Xavier e eu continuávamos agarradinhos na famosa cena do abraço entre irmãos de *Black-tie*, e marcávamos encontros pondo bilhetinhos no vão de um dos tijolos dos camarins.

Deocélia achava um absurdo eu não me levantar mais cedo para servir o café da manhã a Vianna. Ela se comportava em relação ao marido como uma verdadeira Amélia. Além de escrever as próprias e as novelas do marido — que já se aposentara por conta própria —, preparava a água do banho de Oduvaldo, medindo até a temperatura da água. Havia uma empregada na casa, mas, por causa do marido e do filho, ela fazia questão de preparar pessoalmente a comida de ambos. Não foram poucas as vezes em que ouvi Oduvaldo reclamando com Deocélia que ela mimava demais o filho. Eu trabalhava tanto quanto Vianna e também chegava de madrugada... Sem contar as noitadas passadas em amplas e profundas discussões, nosso maior lazer. Íamos resolver os problemas do mundo — era só esperar para ver.

Pela manhã, quase dormindo ainda, levava Vinícius para passear na pracinha. Vianna acordava quase na hora do almoço, enquanto eu ficava devendo minhas horas de sono.

Começamos a ensaiar *Revolução na América do Sul*, de Augusto Boal, durante a temporada à noite de *Chapetuba*, também um grande sucesso, embora menor que o de *Black-tie*. Eu fazia três papéis em *Revolução*, nenhum deles de grande destaque, porém entrava e saía de cena e trocava de roupa oito vezes durante a peça: ora era uma mulher do povo, ora uma grã-fina, ora uma loura com sotaque representando o imperialismo americano. Xavier estava no papel principal, o de um político safado, enquanto Flávio Migliaccio fazia o povo enganado.

Revolução era uma farsa sobre as eleições, comandadas pelos coronéis ricos do latifúndio.

Depois de um ano e meio de temporada no Rio, voltamos para São Paulo. Dessa vez, Vianna não foi. Insatisfeito com o Arena por ser um teatro pequeno demais em todos os sentidos para ser popular, ele continuou na casa dos pais, acreditando ter encontrado no Rio a chance para a sua almejada expansão da cultura popular.

No nosso retorno, montamos, no teatrinho da Teodoro Bayma, a peça de Francisco de Assis, *O testamento do cangaceiro*, com Lima Duarte no papel principal, dialogando comigo no papel de Nossa Senhora; e também *Gente como a gente*, de Roberto Freire (frutos do Seminário de Dramaturgia dirigido pelo Boal). Eu começava a pôr em prática os ensinamentos de Boal em nossos laboratórios de atores — técnica que ele aprendera em Columbia e que se assemelhava às técnicas do Actor's Studio.

Aluguei outro apartamento em frente ao primeiro, na mesma Barão de Limeira. Um térreo com sala enorme e um quarto para Vinícius. Matriculei-o numa escolinha para que não passasse o dia sozinho com a empregada. Tinha 2 anos e meio, e, na época, foi grande a dificuldade para encontrar quem o aceitasse. Um ônibus vinha buscá-lo, e, certa manhã, perguntei à professora se ele ia tranquilo.

— Adora — respondeu. — Só tem um problema: todas as meninas querem ser mães dele.

Não por acaso meu filho gosta tanto das mulheres.

Um dia, recebi a visita de Zina, minha amiga de infância. Ia se casar: com um judeu, claro, da nossa turma de adolescentes: Júlio, que tinha uma confecção de malha no Bom Retiro. Ficara rico. (Segundo Zina, foi infeliz no casamento desde a lua de mel, e, quando deixou o marido, deixou também para trás os cinco carros que tinha na garagem, levando apenas pela mão os dois filhos.)

No dia em que foi levar seu convite de casamento, perguntei se Zina já o tinha experimentado:

— Não. Vou me casar virgem.

— Mas como? Você acha que vai dar certo? E como passaram esse tempo todo sem sexo? Ele?

— Se vira com prostitutas. Eu sei porque ele me conta.

— E você não se importa?

— O que tem?

Tive maus presságios. Não fui ao casamento.

Zé Renato vendeu uma temporada para Brasília, em 1961, e fomos para a recém-inaugurada capital. Jânio Quadros circulava pelas ruas, sem asfalto, de bermudas e jaqueta cáqui, uniforme de explorador inglês que fazia sentido numa terra de desbravadores e calor intenso. Ficamos hospedados no Catetinho, construção de madeira com vários quartos enfileirados diante de um corredor-varanda. Era fascinante ver aquela cidade sendo construída. Jipes atarefados cortavam a capital levantando nuvens de poeira, pouquíssima gente circulando por ruas inacabadas, sem meio-fio nas calçadas, onde um comércio mínimo, precário e empoeirado não empolgava ninguém. Vi-me numa cidade de caubóis povoando um planalto a perder de vista, traçado e projetado por Lúcio Costa e Oscar Niemeyer e inventado por Juscelino Kubitschek.

Ao voltarmos de Brasília, mais uma tentativa de golpe, dessa vez com a renúncia desastrada do presidente Jânio Quadros justo quando o vice João Goulart estava do outro lado do mundo, em visita à China. Povo nas ruas protestando, exigindo a posse do vice, mais votado até do que o próprio presidente. A direita empunhava a bandeira de sempre: impossível dar posse ao comunista Goulart.

Minha mãe recebeu um telefonema de Deocélia acusando a prisão de Vianna na Cinelândia, quando distribuía panfletos a favor da posse de Jango. Ela pedia que eu fosse para o Rio a fim de ir ao Dops. Já me preparava para viajar quando Deocélia telefonou de novo anunciando a soltura dele.

Vianna acabrunhou-se ao ser preso. É estranho que ele nunca tivesse pensado nessa possibilidade. Mas ninguém ia para a rua distribuir panfletos políticos sem saber dos riscos. Ou sem se dar conta de sua vulnerabilidade. Soube por terceiros, presos junto com ele, o quanto se sentiu intimidado com os primeiros tapas e xingamentos dos policiais, ainda dentro da viatura.

Um dia recebi a visita dele em São Paulo. Embora estivesse desempregado, levou dinheiro para algumas despesas de Vinícius. Devolvi com raiva, depois de uma discussão. Não sei sobre o que discutimos. Estávamos ambos perdidos, sem saber o que queríamos. Eu trabalhava, não precisava viver à custa de marido. Se ele não se importava com o filho, deixasse ser só meu. Era isso? Era vingança? Eu ainda sentia muita raiva.

O Arena partiu para uma temporada em Porto Alegre, onde ficamos dois meses. A cidade tinha ambiência semelhante à carioca, a diferença sendo um frio de rachar, que me fazia sair do antigo e úmido Hotel Majestic para me recostar no poste de alguma avenida, toda encasacada, à cata de um raio de sol. À noite, ficávamos com a companhia acolhedora dos atores gaúchos Paulo José e Pereio, do elenco de um grupo chamado Teatro de Equipe de Porto Alegre, dirigido por Mário de Almeida. Fui apresentada aos cabarés da cidade, aonde íamos dançar. De madrugada, comíamos um arroz a carreteiro no porto da capital na companhia de portuários — inesquecível. Também o melhor churrasco nos era servido no quintal da casa do advogado comunista Afrânio Araújo, levados por seu filho Carlos Franklin Paixão Araújo, um militante apaixonado. Foram Carlos e Paulo José que me introduziram na beleza dos poemas de Drummond, João Cabral e Mário Quintana.

Conhecemos também o casal Fernando Peixoto e Ítala Nandi, a qual uma noite nos convidou para ir até Caxias do Sul à casa de seus pais. Nunca senti tanto frio na vida. À noite, a mãe de Ítala, na tentativa de aquecer nossos pés, esquentava o ferro e o colocava dentro da cama. Tal como minha mãe fazia nas friorentas noites paulistanas com uma garrafa bem-arrolhada cheia de água fervente. Meus pés, de tão gelados, não sentiram o superaquecimento do ferro, e, no dia seguinte, acordei com eles cheios de bolhas. Mas adorei aquela gente de índole hospedeira.

UM GOSTO AMARGO DE BALA   123

Paulo José, Pereio, Peixoto e Ítala meses depois se transferiram para São Paulo para fazer teatro. Paulo foi para o Arena, e o casal se ligou ao Teatro Oficina sob a direção de José Celso Martinez Correia. O Oficina tentava ultrapassar o Arena como vanguarda do teatro paulista — veio a conseguir a partir da montagem de *O rei da vela*, de Oswald de Andrade.

São Paulo era e sempre foi a terra do verdadeiro teatro. Se o Rio emanava para o Brasil os acontecimentos culturais, a capital paulista os levava a sério. Todo esse trabalho ia ser perdido em pouco tempo com a desgraça que se abateria sobre o país.

Capítulo XIX

O teatro não preenchia minha solidão em São Paulo. Começavam a me faltar as intermináveis discussões sobre tudo. Lia e brincava com meu filho passeando de bicicleta pela sala, para quem eu dançava o cancã, levando-o às gargalhadas.

Raquel, Noé, Deocélia e Oduvaldo sempre me ajudaram muito com Vinícius. Tanto em São Paulo quanto no Rio, ele adorava passar os fins de semana sendo paparicado na casa dos avós. Para poder excursionar com o Arena, eu vivia numa roda viva na ponte aérea Rio-São Paulo para deixar Vinícius com os avós. As passagens eram tiradas pela metade do preço em nome de minha mãe, que, como jornalista, tinha então esse privilégio de locomoção.

Começava a ansiar por uma vida mais calma, mais doméstica, fazer coisas de mulher, ir ao mercado, feira, cuidar de filho, porém com calma. E não às pressas, como estava acostumada.

Sentia minha liberdade tolhida pela mania do Boal de fazer tudo em grupo, apesar de ele ser um amigo e tanto. Saíamos, jantávamos todos sempre juntos numa lanchonete na rua da Consolação — onde, depois de receber nosso salário, o entregávamos todinho para cobrir o pendura feito durante o mês. Nos meus aniversários, Boal comprava um bolinho com vela, que íamos comer em seu apartamento. Nunca fomos amantes. Chegou a me propor casamento. Não me sentia atraída por ele sexualmente, mas sempre o guardarei na lembrança com o maior carinho. Certa vez, levou-me a uma loja de importados e me comprou uma saia plissada preta e branca — uma maneira de compensar a falta de dinheiro para me vestir. Fomos separados pela personalidade de cada um, pela ditadura, pelo exílio, pela vida pós-ditadura, nunca mais a mesma. Estive duas vezes com ele no exílio, em Buenos Aires, em Paris, ele sempre carinhoso e aconchegante. As críticas que lhe fiz sobre seu trabalho como diretor e vereador, depois de seu retorno ao Brasil, nos afastaram. Pena.

Uma noite, fui assistir ao ensaio de *A semente*, de Guarnieri, no TBC. Lá estava Carlos Lyra compondo a música. Saí do teatro na companhia dele.

Daí por diante virou namoro, e, meses depois, decidimos morar juntos no Rio, onde ele fazia mais sucesso que em São Paulo. Ao comunicar a Vinícius, então com 3 anos e meio, que ia me casar com Carlos, ele perguntou:

— Posso me casar com ele também?

Aboletamo-nos no apartamento de Nelson Lins e Barros, na rua Francisco Sá, em Copacabana, num primeiro andar, por cujas janelas passava o bonde, ou melhor, pelo meio de nossas cabeças, enquanto tentávamos dormir.

Era final de 1961, e Carlos estava no auge de sua inspiração, com *Marcha da Quarta-feira de Cinzas*, *Primavera* e *Minha namorada*, com letras de Vinicius de Moraes. Até então, seu principal letrista fora Nelson, pessoa delicada, íntegra, mas com um palavrório por demais complicado para canções populares. Até hoje me sinto culpada em relação a ele por ter incentivado Carlos a procurar Vinicius de Moraes, o grande poeta da Bossa Nova, depois do letrista Newton Mendonça, autor de *Samba de uma nota só* e *Desafinado*, morto precocemente.

Meus pais, na torcida pelo segundo casamento — pois não queriam me ver sozinha —, me deram um dinheiro para recomeçarmos a vida. Ficamos um ano morando com Nelson até eu alugar uma casa na rua Barão da Torre, 451, quase esquina da praça Nossa Senhora da Paz. Uma linda casinha de arquitetura escandinava que mandei pintar de branco e as janelas de azul-real, assobradada, com sala, cozinha e copa no andar de baixo, três quartos e banheiro no de cima. Uma gracinha toda rodeada de varandas. Nela passei seis anos inesquecíveis no coração de Ipanema em plenos anos 1960. Um tempo em que todos os seus habitantes se conheciam. Como quase não havia telefones, ninguém marcava encontro. Os pontos da praia eram sempre os mesmos, e quando você chegava a turma já estava lá. Aos domingos curtíamos praia até as 8h da noite. Em seguida, jantar no Fiorentina. O mesmo restaurante em que Nelson Rodrigues, uma noite, após uma discussão política, chamou Vianna e a nós de "marxistas de galinheiro". Cinema? Ninguém ficava sozinho. Noite de estreia era só aparecer no Pax, no Miramar, em Ipanema, ou no Roxy, de Copacabana. Nara Leão e eu ficamos amigas, a futura musa da Bossa Nova vinha a minha casa com seu olhar sempre triste e voz melancólica ou eu ia ao seu famoso apartamento na avenida Atlântica, para adoráveis sessões de música, mas também intermináveis — pelo menos para mim.* Aliás, terminavam com os cafés da manhã na Barra da Tijuca, num botequim em meio ao areal que era a Barra então, e eu tinha um filho para mandar cedo para a escola e tantas mais providências a tomar. Uma noite, não aguentei: depois de uma dessas noitadas, na volta para casa, fiz uma cena, apesar das gargalhadas que ocasionou em Carlos e Nelson: estava esgotada, devendo sono, com os ouvidos entupidos de uma única linha melódica (muito boa, mas de um único compositor, Moacir Santos) a noite inteira e com vontade de gritar: "Me tira daqui, me tira daqui."

Deu-se o grande concerto da Bossa Nova no Carnegie Hall, em Nova York, em meados de 1962. Foram

---

* Na época eu tentava copiar a maneira de Nara se vestir comprando algumas roupas (por exigência de Carlos, que achava que eu me vestia mal) iguais às dela em cores diferentes. Inútil porque a elegância de Nara era nata. Até hoje conservo um lindo colar amarelo, símbolo do primeiro show de Nara numa boate ao lado de Vinicius de Moraes e Carlos Lyra; o dela era azul.

Mamãe tirou esta foto comigo para ser enviada à Ilha Grande, onde papai estava preso.

Mamãe adorava me ver de laço de fita nos cabelos.

Minha mãe, Raquel, e meu pai, Noé, durante uma das duas visitas por ano a que tinham direito as famílias dos presos.

A menina atrevida sou eu; papai abraça minha mãe pelo pescoço; a última em pé, à direita, é Léo, que viria a se casar com Joaquim Câmara Ferreira, também preso na Ilha Grande.

O grupo dos comunistas condenados e presos na Ilha Grande: Marighella é o primeiro da terceira fila, da esquerda para a direita. David Capistrano está ao seu lado; meu pai é o primeiro da terceira fila, da direita para a esquerda, tendo ao seu lado Joaquim Câmara Ferreira.

Durante os cinco anos de cadeia de meu pai, só o vi duas vezes.

As primeiras férias da família, em Poços de Caldas, com Luís Carlos, meu irmão, um bebezão no colo de minha linda mãe.

Meus avós paternos, judeus, Mina e Bernardo Gertel.

Visita de Luiz Carlos Prestes ao *Hoje*. Os dois no centro da foto, à esquerda do líder comunista, são meu pai e Câmara Ferreira, que, juntos, tocavam o jornal.

Papai e o pintor Carlos Scliar no jornal *Hoje*.

Noé e Raquel Gertel subindo as escadarias do Fórum paulista, onde papai foi responder a processo como réu sobre liberdade de imprensa, por matéria que ele publicou quando já trabalhava na então *Folha da Manhã*, hoje *Folha de S.Paulo*.

ARQUIVO RAQUEL GERTEL

Raquel Gertel como repórter do jornal *Notícias de Hoje*.

ARQUIVO VERA GERTEL

Ensaio de *O inspetor está lá fora*, no Teatro Paulista do Estudante, 1957: eu, Vianna ao fundo, e Guarnieri de cachimbo.

ARQUIVO VERA GERTEL

Cena do filme *O grande momento*: eu e Guarnieri, 1957.

Meu casamento com Vianna, tendo como padrinhos, à esquerda, Joaquim Câmara Ferreira e sua mulher Léo. Ao fundo, de óculos escuros, minha tia Isaura e, atrás dela, Beatriz Segall.

Casamento de Guarnieri com Cecília Thompson, do qual eu (grávida) e Vianna fomos os padrinhos, 1958. Mesmo ano da estreia de *Eles não usam black-tie*.

Cena com Lélia Abramo em *Eles não usam black-tie* no pequeno teatro de Arena de São Paulo, 1958.

Capa do programa de *Eles não usam black-tie*, no grande sucesso que foi a temporada no Rio de Janeiro, 1959.

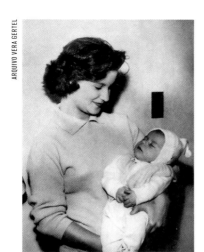

Com meu filho Vinícius, então com 2 meses, na redação do *Notícias de Hoje*, 1958.

Eu, na pele do imperialismo americano, e Flávio Migliaccio, na do pobre povo, em *Revolução na América do Sul*, Rio, 1960.

Remontagem de *Eles não usam black-tie*, desta vez dirigida por Paulo José, no Teatro de Bolso, Rio, 1965.

Carlos Lyra e eu em *Pobre menina rica*, musical de Vinicius de Moraes e Carlos Lyra, 1965, Rio, no Teatro de Bolso.

Em *Assassinato de irmã Georgia*, no qual fazia uma lésbica em duelo com uma estrela de televisão representada por Tereza Rachel.

Ensaio de *Arena conta Zumbi*, na montagem carioca dirigida por Paulo José. Na foto, atrás de mim, o ator Milton Gonçalves e Edu Lobo. Em pé, Paulo José. De costas, Dori Caymmi. Atrás de Dori, Isabel Ribeiro.

Com Carlos Eduardo Dolabella na peça de Tchecov, *O jardim das cerejeiras*, dirigida por Ivan de Albuquerque no Teatro Ipanema, 1968.

Rubens Corrêa e eu na ótima adaptação feita por ele da peça de Ionesco, *Amédee*. No Brasil, chamou-se *Como se livrar da coisa*.

O jornalista Newton Carlos de Figueiredo, eu e o psicanalista e agitador político Hélio Pellegrino.

ARQUIVO VERA GERTEL/ACERVO MANCHETE [1] [2] [3] [4] [5] [6] [7] [8] [9] [10]

Um grupo se dirige ao governador Negrão de Lima para pedir a soltura dos Estudantes, 1968, no Rio. Na primeira fila, da esquerda para a direita: Cláudio Marzo [1], Glauce Rocha [2], Oscar Niemeyer [4], Clarice Lispector (óculos escuros) [5], Carlos Scliar [7], Hélio Pellegrino [9] e Luís Carlos Barreto [10]. Segunda fila, entre Pellegrino e Scliar, Janio De Freitas [8], eu [6], ao lado, também de óculos escuros, e Milton Nascimento [3] (que ainda não era famoso).

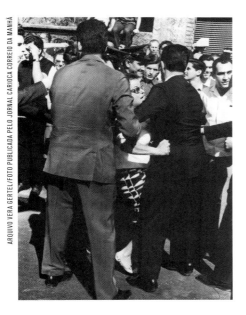

Raquel Gertel no momento de sua prisão ao abrir dois cartazes diante do palanque em que estava o então general e presidente Carlos Castello Branco, em plena parada do 7 de Setembro de 1966. Nos cartazes, os dizeres: "Abaixo a Ditadura" e "Vinguemos a morte do sargento Soares" (o primeiro morto sob tortura de que se teve notícia).

Oduvaldo Vianna (o avô), Oduvaldo Vianna (o pai) e Vinícius, filho e neto.

A primeira cova de Carlos Marighella com uma única presença: o coveiro.

CARLOS MARIGHELLA

Para Vera Gertel — valor e inteligência sobressaindo na nova geração de artistas brasileiros — o abraço afetuoso do Carlos Marighella

S. Paulo, 27-7-65

POR QUE RESISTI À PRISÃO

Dedicatória do livro de Marighella que consegui salvar da repressão, apesar dos muitos livros que perdi.

Marighella percorrendo as redações de jornais para denunciar os ferimentos a bala recebidos da polícia. A estratégia dele foi fazer um escândalo ao ser preso, pois sabia que o matariam assim que chegasse ao DOI-Codi.

Eu, jornalista, escolhendo fotos com um colega para a *Revista de Saúde*, encartada na *Manchete*.

Cartaz com título de um poema de José Carlos Capinam, em homenagem ao líder da guerrilha, inspirado em verso de outro poema de Carlos Drummond de Andrade. O cartaz é de 1994.

todos e mais alguns que nada tinham a ver nem com a bossa nem com o novo.

Carlos acabou ficando meio ano em Nova York, e eu, desesperada, mais uma vez sem marido. Nos últimos dois meses de sua estada, fui ao seu encontro. Ele parecia não querer mais voltar. Sucesso, no entanto, quem fazia era Tom. E João Gilberto. Os outros compositores prosseguiam à custa de um showzinho aqui e acolá, tocando em festinhas, repetindo o que faziam em Ipanema.

Na volta de Nova York, pus Vinícius no maternal do Pernalonga, depois no do Silo Meireles, em seguida no Colégio Brasileiro de Almeida. Esse excesso de colégios particulares estava assombrando meu filho com o luxo das casas dos colegas. Preferi que tivesse um convívio mais realista com o país, um convívio menos rico e preconceituoso, e o transferi para escolas públicas, depois de me informar com a professora Sarah, mulher do cineasta Joaquim Pedro de Andrade, meus vizinhos na rua Barão da Torre, sobre as melhores escolas públicas.

Vianna nos visitava, às vezes, para levar Vinícius ao Maracanã ou para apresentar sua mais recente namorada. Um dia veio com Odete Lara. Ficamos amigas, e certa vez, aparecendo sozinha em minha casa, ela perguntou de supetão:

— Vianna me propôs casamento. Quer ter filhos comigo, montar casa e tudo o mais. Você acha que posso confiar?

Fiz cara de nada, fiquei sem fala. Ela própria se deu conta da bobagem:

— Acho que você é a última pessoa a quem devia perguntar isso.

Estavam juntos havia algum tempo, e ele deve ter aprontado alguma, pois quando Vianna lhe fez a proposta ela já o havia trocado pelo cineasta Carlos Fontoura. Como éramos atrapalhados!

Quase todo o pessoal do CPC* viajou pelo país no que passou a ser chamado de UNE volante. Assumi interinamente a direção do Centro, assessorada por Teresa Aragão. Durante nossa gestão, gravamos o disco *Canção do subdesenvolvido*, com música de Carlos Lyra e letra de Chico de Assis. Na outra face do pequeno disco foi gravado o hino da UNE, também de Carlos com letra de Vinicius de Moraes.

Ao procurarmos, Teresa eu, alguém para fazer a capa do disco, ela se lembrou de um jornalista, Janio de Freitas, a quem entreguei a tarefa. Tudo era feito de graça, na base da amizade, nunca se falava em dinheiro. No caso do disco, só o estúdio alugado foi pago.

Além de diretor musical do CPC, Carlos assumiu ainda a direção musical da Rádio Nacional, convidado por Dias Gomes, nomeado diretor-geral. Ele parecia contente com todas essas atividades e esqueceu um

---

* Centro Popular de Cultura, uma ideia de autoria de Vianna e Chico de Assis.

pouco a perseguição ao sucesso de Tom nos States. Queria que o grande compositor fizesse os arranjos de seu terceiro disco, mas Tom conseguia sempre se esquivar. Alguma razão deveria haver para essa recusa, mas jamais descobri qual. Os dois frequentavam as mesmas festas, os mesmos lugares, mas era notável a restrição de Tom ao Carlos. Quando este e Vinicius gravaram o disco da *Pobre menina rica*, um musical composto por ambos, Tom também se recusou a fazer os arranjos. Por essa época, frequentávamos o Beco das Garrafas, iluminado por Ronaldo Bôscoli. As noites nos contemplavam com cantoras como Elis Regina em início de carreira.

Um dia Elis aparece em nossa casa para uma reunião com Carlos e Vinicius: queria gravar o disco na voz da *Pobre menina rica*. Não foi aprovada por ser feia. Escolheram a então mulher do pianista Bené Nunes, Dulce Nunes. O disco foi um fracasso.

Como atriz *freelance*, sem uma companhia fixa de teatro onde trabalhar no Rio, participei da remontagem de *A mandrágora*, dirigida por Paulo José, no Teatro Santa Rosa, em Ipanema, substituindo Dina Sfat. Vários atores do Arena estavam se mudando para o Rio.

Passei a ensaiar no CPC da UNE a peça de Vianna sobre reforma agrária, *Os Azeredo mais os Benevides*, sob a direção de Nelson Xavier. Do elenco ainda participavam Isolda Cresta, Milton Gonçalves, Francisco Milani, Maria Esmeralda, entre outros. A UNE havia conseguido, afinal, a construção de um teatro seu no mesmo prédio de sua sede na praia do Flamengo, quando Darcy Ribeiro ocupou por algum tempo o Ministério da Educação e Cultura.

A UNE era um antro de subversão, como diria a direita. Um foco de conscientização e agitação para nós, de esquerda. Presidida naqueles anos que precederam 1964 por comunistas e membros da AP (Ação Popular, originada da Igreja Católica), se fazia presente em todas as manifestações políticas. E sempre foi dessa forma. Assim foi na campanha "O petróleo é nosso!", pela reforma agrária, pelas reformas de base, estas propostas por João Goulart.

Mergulhávamos de cabeça na vida política do país, implantando em todas as capitais os Centros Populares de Cultura, que possibilitavam manifestações artísticas de todos quantos ousavam. Glauber Rocha terminava a duras penas seu primeiro grande sucesso: *Deus e o Diabo na terra do sol.* Encontrei-me com ele num coquetel na Maison de France e lhe perguntei como ia o filme. Resposta:

— Acabei de vender minha cama Patente para poder terminar a edição.

CAPÍTULO XX

Todo o país se movimentava naquele início da década de 1960. Até nosso pobre e esquecido campo se mobilizava. A terra começava a ser mais rentável com a industrialização. Como consequência, suas formas de posse e utilização. As migrações para a cidade ocasionavam uma tomada de consciência da situação de miséria dos nossos camponeses.

Lembro-me que, em 1961, numa excursão teatral que fizemos pelo Nordeste, me surpreendi vendo flagelados estirados nas ruas das capitais, expulsos da terra, corpos inertes que pulávamos para andar nas calçadas. Era a imagem sempre exibida toda vez que o cinema americano se dedicava aos trópicos, e sempre me irritavam pela insinuação de vagabundos sem eira nem beira. As imagens, porém, eram verdadeiras.

O movimento mais importante da época foi o das Ligas Camponesas, lideradas pelo advogado pernambucano Francisco Julião, defensor dos camponeses. Cansado de perder seus pleitos judiciais em esquemas corruptos, preferiu organizá-los fora dos sindicatos. Uma parcela da população rural seria dona de um pedaço de terra ou com algum controle sobre ela como arrendatária ou meeira. Julião acreditava mais na força dos camponeses que na dos assalariados rurais para um movimento de maior alcance. As Ligas surgiram em 1955 para defender camponeses — essa massa depauperada — contra a expulsão da terra, contra sua extorsão. A luta mais importante se deu em Pernambuco pela posse do Engenho da Galileia, que já não funcionava e tinha sido arrendado aos camponeses na forma de pequenos sítios. Sob ameaça de expulsão das terras porque o proprietário queria retomá-las para criar gado, os posseiros resistiram durante cinco anos, até 1960.

Tive oportunidade, em 1961, de visitar esse engenho na excursão do Arena ao Nordeste. Fomos recebidos como amigos do Sul Maravilha, e tudo nos foi explicado. Eu estava gripada e mantinha no bolso da camisa emprestada por Carlos um xarope do qual um camponês não tirava os olhos toda vez que eu bebia um gole para mitigar a tosse. Aquilo começava a me incomodar. Será que ele pensava que era álcool? Dei-lhe de presente. Não recebi nem um obrigado. Nós idealizávamos tudo, até a ingenuidade de nossos camponeses.

Uma noite, ao final de *Black-tie* no teatro em Recife, recebi a visita de David Capistrano e Gregório Bezerra. Como correligionários e ex-companheiros de prisão de meu pai, queriam me cumprimentar. Que encontro divino! Dois heróis das lutas camponesas — como membros do Partido, nada tinham a ver com as Ligas —, alegres, felizes, realizados. Abraçamo-nos contentes por

134   VERA GERTEL

aquele reencontro, e David me falou da importante liderança de Gregório entre os canavieiros.

Gregório me convidou para no dia seguinte — um domingo — ir comer, em sua casa, uma canjica como só ele fazia. Eu não podia, tinha matinê. Mas ficou faltando o gosto daquela canjica em minha boca.

O gosto ficou amargo quando, nos primeiros dias do golpe de 1964, soube que Gregório fora arrastado pelas ruas de Recife, amarrado pelo pescoço a um jipe. Manteve a cabeça branca erguida, orgulhoso da suposta humilhação.

A Igreja Católica estava cada vez mais preocupada ao ver suas bases populares também agitadas. Ela não aprovava o comunismo, porém os males do capitalismo lhe eram revoltantes. A encíclica *Mater et Magistra*, de João XXIII, foi a primeira a tratar dos problemas do mundo subdesenvolvido, abrindo as mentes para um catolicismo reformista. A Igreja apoiava a legitimidade do governo João Goulart e não discordava de sua orientação política, embora existissem outras correntes, como a liderada por Dom Geraldo Sigaud e Dom Castro Mayer, conservadores, contra a abertura da Juventude Universitária Católica, que deu origem à AP.

Na presidência, João Goulart violava corações e mentes da elite — apesar de a linha do Partido Comunista ser de frente ampla com a burguesia nacional, interessada também na expulsão do capital americano de nossas plagas. O movimento operário mais do que nunca se mobilizava, assim como oficiais nacionalistas das Forças Armadas e intelectuais formadores da opinião pública. As reformas de base abrangiam a reforma agrária, com a mudança de um dispositivo da Constituição, o qual previa a desapropriação da propriedade por necessidade ou utilidade pública ou social, mediante prévia indenização em dinheiro. Porém, o governo não tinha dinheiro para isso, e os donos da terra teriam de ser pagos a longo prazo. Também constavam das reformas de base as seguintes mudanças: a reforma urbana, que defendia que os inquilinos poderiam se tornar proprietários das casas alugadas, desde que o dono tivesse outro imóvel para morar; o direito de voto, estendido aos analfabetos e à soldadesca, de sargento para baixo; a intervenção maior do Estado na vida econômica, com a nacionalização das empresas de serviços públicos, dos frigoríficos e da indústria farmacêutica; a regulamentação da remessa de lucros para o exterior; e a extensão do monopólio da Petrobras.

Tratava-se de modernizar o capitalismo, sem socialismo. Apenas diminuindo as profundas desigualdades sociais. Teria dado certo se a burguesia nacional não temesse uma maior intervenção do Estado necessária a essas reformas e preferisse trair suas bases com medo da mobilização popular.

O medo, sempre ele, é o grande imobilizador de movimentos em prol do desenvolvimento. Capaz, porém, de agitar retrocessos como a grande e ostensiva Marcha da Família com Deus, pela Pátria e pela Liberdade. Dava para notar, além dos editoriais da imprensa, que o golpe, dessa vez, vinha para ficar.

No Congresso, dois partidos se digladiavam. De um lado, a Frente Parlamentar Nacionalista, com deputados do PTB (Partido Trabalhista Brasileiro); de outro, a Ação Democrática Parlamentar, financiada pelo Ibad (Instituto Brasileiro de Ação Democrática) e pela CIA — a Agência Central de Inteligência americana —, para compra de parlamentares numa preparação do golpe militar que se avizinhava. A CIA e sempre ela. Basta dizer que, no caso de Cuba, além de financiar a fracassada invasão da baía dos Porcos, em 1961, optou por matar Fidel Castro em mais de seiscentas tentativas frustradas.

Para o Partido Comunista, tínhamos um esquema militar capaz de manter o governo eleito de Jango. Quimeras. Direita e esquerda se acusavam de tentar um golpe. A direita via, nas Ligas Camponesas e em Brizola, vice-líder do PTB, e líder das esquerdas minoritárias e radicais, o grande perigo capaz de mobilizar as massas. Em 1963, houve a elaboração do Estatuto do Trabalhador Rural em defesa dos camponeses, algo nada desejado pelo monopólio da terra. A CGT mantinha sua força, reunindo os sindicatos de operários. A Ação Popular, originária da Igreja, lutava nos campos e nas cidades, e contava com vitórias notáveis. Surgiu, então, o Movimento Nacional dos Sargentos, que pedia uma revisão constitucional para que os sargentos pudessem concorrer a eleições.

Toda essa movimentação nos enchia de orgulho. Significava que o povo participava do processo de desenvolvimento da nação. A política estava deixando de ser privilégio dos partidos e da elite para ganhar um cunho popular. Além da CGT, os CPCs da UNE agitavam o meio artístico, criando um país vibrante. Métodos de alfabetização, como o de Paulo Freire, lutavam contra o analfabetismo no Brasil e criavam cada vez mais uma consciência política.

Lembro-me de uma visita noturna, em 1961, a um desses centros alfabetizadores no Nordeste: sala cheia de camponeses, cada qual em sua carteira, professor a postos, e, no quadro-negro, o aprendizado da letra P: O Petróleo É Nosso.

Então? Não parecíamos donos dos nossos destinos?

Ao famoso comício de 13 de março de 1964 fomos no caminhão da UNE. Vibrei sobretudo com o discurso de Brizola. E também com o de Goulart, que, impressionado com a vibração popular, radicalizou suas promessas de reformas de base, quisessem ou não as elites. De sua parte, o Partido garantia ter um esquema militar, o que significava oficiais do exército a favor das tão necessárias reformas propostas por João Goulart.

Depois do comício, fui à casa de Tom Jobim, na rua Barão da Torre, para me encontrar com Carlos Lyra. Cheguei excitada pelos acontecimentos e encontrei um Tom apreensivo, dizendo: "Cuidado... não sei não..." Era a opinião autêntica, severa e acertada, de quem assistia a tudo de fora.

Teria a esquerda como se defender do golpe que estava sendo armado pela direita?

Em 26 de março, 13 dias após o comício, em reunião comemorativa do segundo aniversário da Associação dos Marinheiros e Fuzileiros Navais, associação não legalizada, aconteceu a revolta dos marinheiros. Um grupo da marinha, encaminhado para prendê-los, acaba aderindo à causa. Os oficiais entenderam o episódio como um desplante à hierarquia militar. Para as forças militares, a disciplina era sagrada.

A revolta dos marinheiros, liderada por cabo Anselmo, não surgira por acaso. No dia 30 de março, o presidente compareceu a uma reunião no Automóvel Clube, pelo aniversário da Associação dos Sargentos da Polícia Militar do Estado da Guanabara. Uma reunião de sargentos no chique e elegante Automóvel Clube? Quanta provocação... Não dava para desconfiar? Éramos burros ou o quê?

No dia seguinte, as tropas mineiras, sob o comando do general Olímpio Mourão Filho, envolvido no sinistro episódio do Plano Cohen em 1937, se puseram em marcha para o golpe. Ele contava com o apoio do governador Magalhães Pinto, de Minas Gerais, e de Carlos Lacerda, da Guanabara.

Nesse mesmo dia, 31 de março, após o ensaio de *Os Azeredo mais os Benevides*, nos juntamos aos universitários presentes no hall do famoso prédio da UNE, na praia do Flamengo. Estavam sentados em um banco de frente para o grande portão de entrada Ferreira Gullar, sua mulher, Teresa Aragão, Isolda Cresta, além de outros, quando intuí:

— Olha, já metralharam a UNE uma vez [o CCC — Comando de Caça aos Comunistas], e pode acontecer de novo. Não seria melhor tirar daí esse banco tão exposto [o portão ficava sempre aberto]?

Todos ponderaram que sim e saíram dali. Nesse ínterim, atrás de uma coluna do balcão de recepção, estou com meu radinho de pilha, uma bolsa enorme, pasta com o texto da peça, casaco etc., quando chegou Carlos Lyra. Preocupado, me perguntou o que estava havendo de fato.

— Não sei. Estou ligada no radinho. As tropas saíram de Minas em direção ao Rio. Não sei o que pode acontecer.

Na verdade, todos esperavam pela reação das forças militares nacionalistas do governo.

Nisso, ouvimos tiros de metralhadora espocando pelas paredes. Eu nunca tinha ouvido tiros. "O que foi?" "O que é isso?" "Abaixa, abaixa", "Corre, corre..." "Pra onde?" "Pra onde?" Não havia por onde fugir, a não ser pela rua de onde vinham os tiros. Carlos, agachado, me puxou para que me agachasse também. Lembrei da porta que servia de entrada para um corredor em construção, e que dava para os fundos do teatro. Só o elenco tinha conhecimento dele. Gritei:

— Gente! Tem uma porta aqui.

Um turbilhão passou por cima de mim. Carlos, inclusive. Um rapaz me viu caída sem querer largar radinho de pilha, bolsa, pasta, nada, e se enganchou no meu braço para me arrastar. Assim, fomos por um corredor às escuras, em construção, cheio de tijolos e buracos. Caímos, multidão correndo por cima, mas nos levantamos e corremos até alcançar os fundos da plateia do teatro. Sensibilizada pelo cuidado do rapaz que me arrastou, perguntei a alguém quem era:

— É o vice-presidente da UNE. — Só que, como soube mais tarde, a UNE tinha bem mais de um vice, e, portanto, fiquei sem saber a quem agradecer.

No teatro, encontrei Carlos. Não havia o que falar. A partir desse dia, ele mudou completamente seu comportamento. Agora, era também um perseguido. Jamais se dera conta de que os reveses podem acontecer.

Do lado de fora do prédio, um rapaz chamado Haroldo Costa, homônimo do sambista, havia sido ferido na perna pelos tiros, e Milton Gonçalves parou um ônibus para levá-lo ao hospital.

Ficamos ali presos durante toda a madrugada, com deputados de esquerda chegando de fora, fazendo discursos contra o golpe, enquanto outros ativistas marcavam reação e defesa da UNE para o dia seguinte.

A CGT cometeu o erro de decretar greve geral, de modo que no dia seguinte ninguém tinha condução para ir aonde quer que fosse. De carona, eu, Isolda e Maria Regina Coelho, minha vizinha, alcançamos a UNE para reagir, defendendo seu prédio. Nossa ingenuidade era tanta que Maria Regina, sobrinha do político nacionalista e ex-ministro Danton Coelho, se juntou a nós para fazer o que fosse possível. Na UNE, já estavam Vianna, João das Neves, Carlos Vereza, Maria Esmeralda e outros poucos, dos quais, infelizmente, não me recordo.

João das Neves me deu a tarefa de chefiar a enfermaria da revolta, improvisando macas com cobertores e arrumando o armário de primeiros socorros. Éramos cinco mulheres a fazer nós nas pontas dos cobertores para carregar os possíveis feridos. Uma hora depois, chega Marcos Jaimovich, assistente da base cultural do PCB, para dar a última palavra de ordem do Partido:

— Recuo organizado.

Ainda atônita, dei ordem para pegar todo o material de pronto atendimento possível e enfiá-lo nas bolsas. Alguns dos rapazes negociavam no grande portão de entrada a saída do pessoal. Logo que deixaram as moças sair, ouvimos o portão de ferro fechar com estrondo. Os rapazes escaparam por uma portinha nos fundos do edifício que dava para uma outra rua, ou pelo telhado.

Quem deixou as moças sair? Quem cercava o prédio? Que gente mal-encarada era aquela disposta a tacar fogo na UNE? Era a polícia civil de Lacerda? O CCC — esse tipo de milícia de direita, clandestina e assassina da esquerda?

Uma vez na rua, andamos rentes aos jardins das casas, até a esquina, quando me dei conta de que podíamos ser presas, e com um material farmacêutico que nos denunciaria. Como responsável pelas demais, pedi que fossem despejando o material nos jardins. Guardei o meu, que mantive por anos.

Acabamos por nos dispersar. Eu, Isolda e Maria Regina, inconformadas com o fracasso, seguimos em direção à Cinelândia para participar de alguma reação, caso houvesse. No caminho, encontramos um conhecido que nos pediu insistentemente para voltar. Estavam matando gente na praça. Sem condução, ruas vazias, poucos carros transitando, resolvi parar um deles para pedir carona. Um único homem na frente perguntou para onde íamos. Quando vi uma pistola Mauser no banco do carona, agradeci e desisti. Ele ainda insistiu que só ia até o Palácio Guanabara. Virei-lhe as costas.

Atravessamos a praia do Flamengo para a pista do meio e paramos outro carro. Dois sujeitos, oficiais da marinha, disseram que podíamos entrar atrás. Entramos. Eles nos contaram, às gargalhadas, que ameaçavam transeuntes com seus arpões de pesca para fora do carro como se fossem armas. Em meio às gargalhadas, gritavam para fora da janela:

— Agora o dólar vai baixar!

Quando passamos pelo prédio da UNE, ele estava em chamas. Um incêndio assombroso. Inadvertidamente, Isolda começou a chorar. Eu a belisquei.

Afinal, chegamos a minha casinha da Barão da Torre. Carlos lá estava. Desabei num choro convulsivo.

Voltou-me à memória todo o sofrimento com o golpe civil de 1937. Sabia que os golpistas tinham vindo para tomar o poder. Ficariam por muito tempo.

Começou a chegar mais gente: Vianna e outros companheiros. Ninguém sabia o que fazer. Estávamos todos tontos. E tontos ficaríamos por muitos anos ainda.

Capítulo XXI

Não acredito que fosse possível evitar o golpe militar de 1964, no Brasil. Inserido no contexto da Guerra Fria, o país — como toda a América Latina — era território de reserva do governo americano. Além disso, tinha o apoio da classe média, do empresariado, da Igreja e da grande imprensa na quase totalidade — *Jornal do Brasil, Correio da Manhã, O Globo, Estado de S. Paulo, Folha de S. Paulo*, com exceção de *Ultima Hora*. Não era verdade que estávamos caminhando para um golpe comunista. A conspiração golpista vinha desde a derrubada de Getúlio, em 1954 (se não antes), que, com seu suicídio, apenas a retardou. O imperialismo norte-americano não estava nada contente com o monopólio do petróleo, as siderúrgicas nacionais, a industrialização, as encampações de empresas americanas feitas por Leonel Brizola, no Rio Grande do Sul, nem com as reformas de base anunciadas por João Goulart.

Nosso último presidente, além do mais, assumira um país em situação econômica difícil, que vinha desde a construção de Brasília por Juscelino Kubitschek, erguida com dinheiro de todos os ministérios, sobretudo da Previdência Social, trazendo uma inflação de difícil controle. E durante todo esse período, o governo americano exerceu uma enorme pressão, temendo mudanças na política econômica de todo o continente, com a nova e ousada aquisição de uma consciência da exploração do capital estrangeiro.

As intervenções do embaixador americano, Lincoln Gordon, junto com seu adido militar, Vernon Walters, sobre nosso governo eram tantas que havia um chiste, atribuído a Otto Lara Resende: "Chega de intermediários, para presidente, Lincoln Gordon." Ou: "Os *marines* estão chegando", toda vez que a situação ficava mais preta.

Não eram apenas piadas. O perigo, hoje fartamente comprovado com a abertura e a publicação dos documentos secretos dos Estados Unidos, era sentido e sabido. Há telegramas de Lyndon Johnson para Gordon, cumprimentando-o pelo golpe e o retorno à "democracia" no Brasil, bem como deste para Johnson pedindo apoio de fuzileiros navais, em caso de necessidade de uma intervenção americana direta no golpe. Era a chamada operação Brother Sam, que contava com um navio de guerra pronto para entrar em ação, ancorado no porto de Vitória, no Espírito Santo.

Não seria inédito. Na Guatemala, dez anos antes, em 1954, a CIA substituíra o presidente eleito, Jacobo Árbenz, por uma ditadura sangrenta cujo saldo foram 200 mil assassinatos de opositores, ausência de qualquer soberania nacional e de democracia. O pecado de Árbenz fora fazer a única reforma agrária que a Guatemala teve em sua história. A reforma, realizada em terras não cultivadas e indenizadas, incluía 390 mil hectares da famosa exploradora United Fruit Company — empresa na qual tinham sociedade os irmãos John e Allen Foster Dulles, respectivamente secretário de Estado e diretor da CIA no então governo Eisenhower.

Em meio a essa situação externa e com uma classe política interna que Celso Furtado considerava, com razão, nada criativa, teria sido difícil escapar de nossa própria tragédia.

Não estávamos sozinhos na derrota. E daí para a frente, cada vez menos.

Capítulo XXII

O problema maior foi onde esconder gente. Até nisso o Partidão estava despreparado, tal a certeza de que o "esquema militar" do governo Jango garantiria a reação ao golpe. Encontro em Ipanema um dirigente do Comitê Central, ávido por um esconderijo e ainda muito jovem para entender o que se passava. Enquanto eu o levava para minha casa, emitia suas opiniões:

— Esses gorilas vão brigar entre si e cair de maduros.

Sem dúvida, brigaram muito e desistiram do poder. Depois de 21 anos.

Ao chegarmos, tive de lhe pedir desculpas. Carlos Lyra me chamou no andar de cima e disse não concordar absolutamente que ele ficasse em nossa casa. Naquela noite, dormi na varanda, de castigo, por não poder asilar um companheiro. Em minha família não era assim que agíamos.

Encontro também, na praça Nossa Senhora da Paz, Astrojildo Pereira, o memorável fundador do Partido Comunista, em 1922, e eterno estudioso de Machado de Assis. De boina, ainda de porte ereto apesar da idade, estava tão cético quanto eu, porém nem um pouco intimidado. Perguntou por meus pais, conversamos um pouco e nos despedimos. Eu sentia sempre uma aflição ao me despedir de velhos companheiros. Temia por suas vidas. Apesar de afastado da direção do PC, Astrojildo era diretor, desde 1958, da revista *Estudos Sociais*, dedicada a uma renovação do pensamento marxista e outros estudos culturais. Morava no Rio Comprido, onde acabou sendo preso, logo após nosso encontro, no mesmo ano do golpe. Sua casa foi vasculhada, e seus livros, apreendidos pelos agentes da repressão. Uma quase morte para um intelectual de seu gabarito. Saiu doente da cadeia e morreu dez meses depois, no final de 1965, logo depois de completar 75 anos.

Em minha casa, surge de improviso o arquiteto Marcos Jaimovich, que trabalhara com Oscar Niemeyer, procurado na primeira página dos jornais como espião soviético. Minha casa não seria ideal, e Carlos não queria esconder ninguém. Procurei meu vizinho, o cineasta e companheiro Joaquim Pedro de Andrade, e contei o que se passava. Pediu que levasse o Marcos até ele — a quem todos conhecíamos por ser o simpático e nada sectário supervisor de nossas bases culturais. Escondeu-o tão bem que Jaimovich nunca foi preso e conseguiu sair do país.

Um dia, Carlos lavava nosso carro Citroën Gangster 1930, na rua, quando vê Mário Alves e Ivan Ribeiro do outro lado da rua. Dá um grito:

— Mário! Mário, aqui.

Mário quase morreu de susto e escondeu-se atrás de uma árvore. Ao ouvir o grito de Carlos, atravessei a rua e falei com eles. Mário não tinha onde ficar. Mais uma vez, recorri a Joaquim Pedro, que também o escondeu. Mário não foi preso nesse esconderijo, de onde teve que sair mais tarde porque a empregada estava namorando um PM, que era agente, e contou a ele haver um visitante na casa que não podia aparecer.

Ao saberem da inconfidência da empregada, o patrão arranjou outro esconderijo para Mário, que, uns tempos depois, foi preso com Ivan Ribeiro e Leivas Otero. Numa de nossas reuniões da base de teatro, um novo coordenador do partido contou que Mário se queixara da falta de visitas.

— O que essa gente pensa? Que é bolinho? Temos mais o que fazer do que visitar presos ou ouvir suas lamúrias.

Ridículo aquele militante de nada referir-se a Mário Alves daquela forma. Um antagonismo feroz entre as linhas pacífica e de luta armada estava se configurando. Fiquei indignada. Nunca tinha ouvido tamanha falta de solidariedade por parte de um comunista.

Com duas colegas de teatro presentes a essa reunião, Isabel Ribeiro e Joana Fomm, fui visitar os presos. Ao narrar ao Mário o episódio da falta de solidariedade, ele comentou:

— Quando um partido deixa de ser revolucionário, deixa também de ser solidário. — Pediu uns livros que levei na visita seguinte. E ainda me lembro de um deles: a peça de teatro do alemão Rolf Hochhuth, *O vigário*, recém-editada, e que eu havia acabado de ler. Numa outra visita, devolveu-me os livros e logo depois foi libertado. Ainda não havíamos chegado ao AI-5.

Eu continuava atuando politicamente e fazendo teatro. Substituí Miriam Mehler na montagem carioca de *Os pequenos burgueses*, de Górki, pelo Teatro Oficina, na Maison de France. Produzi a montagem de *Pobre menina rica*, musical de Vinicius de Moraes e Carlos Lyra, na Maison de France, com Nara Leão no papel-título, e depois a remontagem no Teatro de Bolso, eu substituindo Nara, ambos sob a direção musical de Carlos. No mesmo Teatro de Bolso, onde fizemos a remontagem do musical, atuei, logo depois, na peça de Arthur Miller *Eram todos meus filhos*, sob a direção de Aurimar Rocha.

Marighella foi preso e baleado, dentro de um cinema da Tijuca, no dia 9 de maio de 1964. Apesar de ferido, resistiu bravamente à prisão. Dava socos e gritava que era Carlos Marighella, pois sabia que poderiam sumir com ele se a prisão não fosse noticiada.

Clara Charf, mulher de Marighella e também militante da direção do PC, manda me chamar em casa de meus ex-sogros, Oduvaldo e Deocélia. Ela queria saber se eu podia dar um jeito de enviar algumas coisas para ele dentro da prisão: escova de dentes, pasta, toalha, roupa íntima. Ele estava incomunicável, e havia que pensar num meio de fazer isso. Como filha de jornalistas, sabia que esses profissionais têm todo tipo de ligação, e melhor seria procurar um deles. Por ser uma moradora recente do Rio, eu conhecia muito pouca gente além do pessoal de teatro e dos companheiros escondidos. Lembrei-me de um jornalista — são as melhores fontes de informação —, e arrisquei um encontro. Era Janio de Freitas, que desenhara a capa do disco *Subdesenvolvido*, e achei que talvez pudesse me ajudar. Abri o jogo: por acaso ele não conhecia alguém capaz de fazer chegar ao Mariga um *kit* de primeiras necessidades? Não conhecia, mas conhecia alguém que conhecia um delegado. Partimos de carro em busca do amigo. Fomos a sua casa, escritório, e acabamos achando-o no bar de costume: o Veloso (depois Garota de Ipanema). Preferi esperar no carro, porque lá sempre estavam na mesma mesa Vinicius de Moraes e Tom. Era melhor que não me vissem. O jornalista voltou dizendo que, sim, eu poderia entregar a ele o *kit* — no qual incluí também um vidro de vitaminas. A partir desse episódio, Janio e eu ficamos amigos e, mais tarde, estabelecemos uma relação que durou quarenta anos — com tudo que isso implica —, morando em casas separadas. Foi o meu terceiro casamento. O que deu mais certo. Devo a sua inteligência a ultrapassagem de conceitos políticos que até então eu conservava de forma pouco plural.

Nunca cheguei a perguntar a Marighella se ele realmente recebeu aquele *kit*, apesar de nossos muitos encontros, depois que saiu da cadeia. Ficou preso 80 dias, saindo com a ajuda do brilhante advogado Sobral Pinto. Mas não saiu de fininho. Procurou todas as redações de jornais para mostrar seus ferimentos e denunciar a violência policial. E acabou escrevendo o livro *Por que resisti à prisão*.

As reuniões da base teatral estavam ficando cada vez mais inflamadas. Eu defendendo o caminho armado para a derrubada da ditadura, Vianna, do outro lado, pela linha pacífica. Estávamos discutindo teses do VI Congresso do Partido Comunista e teríamos de mandar um delegado ao encontro. O nível das discussões foi sendo elevado a tal ponto que alguns nos acusaram de extrapolar para briga de ex-marido e ex-mulher. Não creio. Pelo menos para mim, aquilo era um caso encerrado. De qualquer modo, confesso ser de uma teimosia sem par quando discuto. A base estava dividida, e acabei eleita delegada ao Congresso.

Marighella, ao lado de Joaquim Câmara Ferreira, meu padrinho, trabalhava incansavelmente em prol da sua ALN (Ação Libertadora Nacional, talvez homenagem à antiga ANL de frente ampla — Aliança Nacional Libertadora) e dos seus GTAs (Grupos Táticos Armados). Os GTAs eram formados por cinco membros, cada qual sem ter conhecimento de outros grupos, a não ser pelo líder de cada um, e com independência para agir. Ele não queria mais ouvir falar em partido nem da burocracia em que caíra o velho Partidão.

Durante os preparativos para o VI Congresso, a *Voz Operária*, jornal clandestino e interno do PCB, continuava a publicar as teses favoráveis e contrárias à luta armada. Eu recebia lotes do jornal em minha casa, onde outro membro do Partido ia buscá-lo para distribuir. Um dia Marighella chegou e perguntou se eu tinha algum lote da *Voz Operária* e, ao dizer que sim, me pediu que lhe entregasse todos. Iria distribuir ao seu pessoal. Fiquei em dúvida, porque poderia ser expulsa do Partido, entregando os jornais a quem, como ele, já fora expulso por ter comparecido à reunião da Organização Latino-Americana de Solidariedade (Olas) em Cuba — a famosa Olas em que Guevara lançara a palavra de ordem "Um, dois, três Vietnãs". Era um incentivo à sublevação em todos os países do Terceiro Mundo, explorados pelo imperialismo americano.

Quando o companheiro do Partido veio buscar o lote da *Voz Operária*, eu disse que os havia queimado por medo. Ele ficou uma fera, mas, como eu era delegada ao próximo Congresso, o caso ficou por isso mesmo.

Nessa altura, Carlos resolvera voltar para os Estados Unidos, e também achei melhor. Não estávamos separados, porém distantes um do outro. Mantivemos uma correspondência intensa, mas, com o passar do tempo, o casamento foi minguando e assim, sem mais nem menos, sem uma palavra, acabou...

***

Depois de ter substituído Dina Sfat em *A man-drágora*, dirigida por Paulo José no Teatro Santa Rosa, decidimos ele e eu produzir *Arena conta Zumbi*, numa remontagem carioca da peça de Guarnieri e Boal com música de Edu Lobo. Era um grito de liberdade, através do triste capítulo de nossa história da escravidão. Um belo espetáculo cujo elenco contava com Dina Sfat, Isabel Ribeiro, eu, Paulo José, Milton Gonçalves e Francisco Milani. A direção da peça era de Paulo e a musical, de Dori Caymmi. Levantamos Paulo e eu um "papagaio" (como se chamava na época um pequeno empréstimo) no Banco Nacional e estreamos num pequeno teatro até hoje desconhecido, escondido numa travessinha da Miguel Lemos, chamado então Teatro Miguel Lemos.

Foi uma das épocas mais conturbadas de minha vida: cuidava da casa, de filho, da produção da peça, da atuação, ensaiando dia e noite, me reunia com Marighella, fiquei grávida, fiz aborto, não tinha tempo nem de comer e peguei uma tuberculose. Nessa confusão, Carlos volta dos States, de passagem pelo Rio, numa excursão com o saxofonista Stan Getz, fica uns tempos e parte de novo. Mesmo doente, prossegui atuando na peça e na produção. A temporada no Miguel Lemos terminou após três meses, porém Paulo e elenco preferiram continuar em outro teatro no Catete. Como não concordei, por achar que não teria mais público, combinamos que ele arcaria com o empréstimo do banco, que ainda não havíamos conseguido pagar. O empréstimo acabou protestado, anos depois, e lá fomos eu e Paulo, intimados, acertar as contas, em juízo. Ele pagou.

Capítulo XXIII

Flávio Rangel me convidou para fazer parte do elenco da peça de Brecht, *O senhor Puntila e seu criado Matti*, estreada em Curitiba. Era final de agosto de 1966.

Minha mãe veio de São Paulo para ficar com Vinícius enquanto eu viajava. Na volta, estreamos o espetáculo quase de imediato no Teatro Ginástico, no centro do Rio. Raquel então voltou para São Paulo e, no dia 7 de setembro, e meu pai, preocupado porque ela não estava presente em casa à hora do almoço, recebeu um telefonema de Farid Helou, nosso amigo e companheiro, que logo depois se ligaria à luta armada na ALN.

— Noé, é o seguinte: nada grave, pelo contrário, mas queria te dar uma notícia.

— Sei. É a Raquel, não é?

— É, mas...

— O que foi dessa vez?

— Abriu dois cartazes onde estava escrito "Abaixo a Ditadura" em frente ao palanque oficial, no qual estava o general Castello Branco.

— E aí foi presa — adivinhou Noé, resignado.

Raquel foi parar no Dops, depois de muito resistir à prisão com pontapés e dentadas nos policiais.

Os cartazes, ela pintara escondido ainda no Rio com as tintas do neto. E partira para São Paulo com a ideia fixa. Um deles efetivamente dizia: "Abaixo a Ditadura"; o outro, "Vinguemos a morte do sargento Raymundo Soares."

O caso do sargento Soares foi o primeiro assassinato de preso político sob tortura que veio a público, e seu corpo foi encontrado boiando na divisa entre Brasil e Uruguai.

Indignada com a barbaridade, ela lera a notícia na *Ultima Hora* e não sossegou até fazer seu protesto. Uma vez presa, recusou-se a dar o nome ou qualquer outra informação para ser identificada. Não queria comprometer meu pai, um dos "suspeitos de sempre". Depois de muita insistência do delegado, respondeu apenas:

— Maria do Povo. Meu nome é Maria do Povo.

Na notícia dada por alguns jornais, ela foi citada com esse nome, e recebida nas celas, lotadas de secundaristas presos após seu congresso ter sido desbaratado pela polícia. Fez muito sucesso entre a garotada. Não se cansava de contar a eles, a pedidos, a verdadeira História do Brasil não ensinada nas escolas. E tinha muito a dizer.

Papai não teve saída a não ser comparecer ao Dops para livrar a mulher. Lá, encontrou como delegado da prisão de mamãe um antigo colega da Faculdade de Direito do largo de São Francisco.

— Mas, Noé, tua mulher sequer quis dar o nome.

— Foi por minha causa. Quis me resguardar.

— Você, um jornalista da *Folha* tão conhecido...

— Nem por isso vocês deixam de me buscar sempre.

158   VERA GERTEL

— Nunca tive nada a ver com tuas prisões.

— Que bom. Então agora vamos soltar Raquel?

A saída dela foi uma verdadeira balbúrdia, com os estudantes gritando:

— Maria... do Povo! Maria... do Povo! Maria... do Povo!

— Tua mulher dá muito trabalho, Noé — disse o delegado.

À saída do Teatro Ginástico, onde encenávamos *O Sr. Puntilla*, às vezes me encontrava com Mário Alves, a quem sempre admirei como intelectual e militante comunista. Ele, Jacob Gorender e Apolônio de Carvalho estavam fundando o PCBR — Partido Comunista Brasileiro Revolucionário. Os três dirigentes, ao contrário da ALN, consideravam primordial a formação de um partido marxista-leninista à frente da organização de massas para a luta armada.

Tudo andava a mil. Censura também. As quase permanentes assembleias-gerais da classe teatral se estendiam madrugada adentro. Como fazer teatro com a censura agindo da maneira mais severa? Costumavam demorar muito para liberar um texto, e, quando o faziam, aplicavam uma nova censura durante o ensaio geral, ao qual assistiam após três ou quatro meses de trabalhos com atores, cenários, figurinos, luzes, para então vetar tudo. Produtores, donos de teatros, artistas não podiam arcar com tal prejuízo. Passou a ser perigoso montar qualquer espetáculo.

Capítulo XXIV

—Sua mãe sofreu um pequeno acidente na estrada e está no Hospital Rocha Maia, em Campo Grande.

Dois anos tinham se passado desde que Maria do Povo alarmara o Dops em São Paulo. Dessa vez, ela viera ao Rio para uma reunião do Partido. Numa manhã em que voltávamos da praia com Vinícius, mamãe teve uma forte dor de estômago e mal conseguia andar. Chamei um táxi, fomos para o Miguel Couto. Horas depois, um médico retorna para dizer que ela estava bem. Segundo ele, devia ser uma dor nervosa, deu-lhe um tranquilizante e podia ir para casa. Não contei a meu pai, como ela me pediu. Dias depois, encontrei um bilhete dela dizendo que retornava para São Paulo. Tinha ido no seu fusquinha, de madrugada.

O telefonema foi no meio da manhã, e só dizia que ela pedia minha presença. Eu não tinha ideia de onde ficava o hospital, muito menos Campo Grande. Procurei por Janio, mas não o encontrei. Seu sócio na gráfica de livros Fon-Fon, Léo Vitor, me emprestou um carro com um operário que morava em Campo Grande.

Mamãe estava deitada, tomando soro, numa enfermaria, com os pulsos cheios de esparadrapos, porém alerta, e conversando com as outras internas. Ao me ver, pediu rápido sua bolsa: onde estava? Precisava dos óculos e de algum dinheiro para dar a duas colegas de enfermaria. Fui chamada no corredor por um médico. Atencioso, ele me explicou:

— Não acho que sua mãe tenha querido se matar de verdade. Ela ingeriu um tubo de pílulas, cortou os pulsos, trancou o carro, mas foi em um belvedere, próximo a uma cabine da polícia rodoviária na estrada. Acredito que ela tenha querido chamar a atenção. Amanhã, ela pode ser liberada, mas precisa de tratamento.

Eu ouvia, pasma. Sou boa em situações de choque, não perco a cabeça e uma força surge não sei de onde. Porém, mal entendia o que havia sido dito e precisava prosseguir. Ela queria a bolsa.

— Está com o delegado — disse o médico. — Ele espera pela senhora fora do hospital.

Era um típico delegado de polícia: parrudo, barrigudo e bigodudo. Tinha a bolsa de minha mãe nas mãos. Não queria me entregar, alegando ser preciso fazer uma ocorrência.

Resolvi enfrentá-lo:

— Depois — eu disse. — Depois conversamos. Agora ela precisa dos óculos e da bolsa.

— É que foram encontradas duas cartas: uma para a senhora e outra para o jornal *Correio da Manhã*.

— E onde estão?

— Eu tive de entregar para o comandante da base militar. Estão com ele.

— E como o senhor entrega cartas que não são suas?

— Elas foram encontradas pela polícia militar. Não tive outro jeito.

— Vou levar a bolsa para minha mãe e já volto.

Eu não conseguia tirar os olhos dos pulsos remendados de mamãe. Por quê? O que houve? Entreguei-lhe a bolsa, ela pôs os óculos e deu algum dinheiro para as doentes necessitadas. Não parecia nem um pouco perturbada pela situação, mas disse ao meu ouvido:

— Na mala do carro há um dinheiro do Partido. Você precisa recuperar.

Àquela altura, era inútil lhe perguntar onde fora parar o carro.

Voltei ao delegado.

— O carro?

— Está na minha delegacia.

— E as cartas?

— A senhora vai ter de falar com o general. Mas é melhor à noite, quando ele estiver em casa, assistindo à novela. A senhora aguarde aqui que eu venho lhe buscar.

Tudo parecia tão estranho. Até a atitude do delegado: por que estaria me ajudando? Agora era eu com uma terrível dor de estômago. Mas liguei de um telefone público para meu pai, já aflito porque mamãe não chegava. Expliquei tudo, mas não falei das cartas. Meu

162   VERA GERTEL

irmão veio ao telefone. Estava possesso: não queria entender, estava com ódio de mamãe e de sua política. Papai ficou de vir ao Rio no dia seguinte, quando ela sairia do hospital.

Sentei-me nos degraus de entrada do Rocha Maia e não queria pensar, precisava apenas ficar com os sentidos aguçados e aguardar.

Ao escurecer, o delegado apareceu de volta. Partimos em seu carro até a casa do comandante da base. Quando tocamos a campainha, o delegado parecia mais intimidado do que eu. O próprio general abriu a porta. De pijamas. Eu mal conseguia acreditar: então havia mesmo generais de pijamas? Ele tinha cabelos brancos, mais de 60 anos e cara de poucos amigos. Estava sozinho. Sentou-se em frente à televisão, ligada na novela, e começou a reclamar:

— A sua mãe, logo se vê, é uma pessoa doente.

Sem tirar os olhos da tela, pegou duas cartas e continuou a reclamar:

— Ela deixou uma carta para a senhora, que deve ser uma pessoa de responsabilidade. Ela pede que tome conta de seu irmão, dá instruções. Agora, a outra carta, francamente. Até elogia o Fidel Castro. Só pode ser uma pessoa muito doente.

Enquanto falava, sentado no sofá ao meu lado, deixou sobre ele a carta que me era dirigida, e, à medida que ele voltava os olhos para a tela, eu a fui pegando devagar e enfiando na bolsa. Mas a que interes-

UM GOSTO AMARGO DE BALA   163

sava era a outra. Pensei em conversar sobre a novela, sem ter a menor ideia do que estava se passando na tela. O delegado em pé ao meu lado nem piscava. Eu balançava a cabeça, concordando com tudo que o general reclamava:

— Como uma pessoa se queixa da nossa revolução e ainda dirige uma carta aos jornais?

Pousou também a segunda carta sobre o sofá. Eu a fui agarrando aos poucos, toda vez que ele parecia mais atento à novela. E consegui enfiá-la em minha bolsa.

— Não quero mais incomodá-lo — disse eu. — Peço desculpas e agradeço.

Ele não disse nada. Levantei-me e fui embora com o delegado. Minhas pernas tremiam, mas sentia um grande alívio. Partimos para a delegacia: o delegado ia liberar o carro de minha mãe. No estacionamento, vi com alívio que o dinheiro estava na mala do carro. Peguei algumas notas e voltei para a delegacia. Entreguei-as ao delegado, que fingiu recusar, mas aceitou.

Há alguns anos sem dirigir, não sei como consegui tirar o carro dali. Calma, Vera, muita calma para não cair na ribanceira. Havia sangue no carro, sangue da minha mãezinha. Dei uma ré custosa, tirei o carro e peguei a estrada. Atrás de um caminhão, não me atrevi a ultrapassá-lo. Pensei em enfiar o carro na traseira do veículo e acabar com tudo. Calma, Vera. Comecei a cantar alto *Samba de uma nota só* e, em seguida, toda a Bossa Nova que conhecia, até alcançar o hospital. Contei o dinheiro. Além do tanto que entregara ao delegado, faltava mais um pouco. Tudo bem, dava para repor. No total, devia haver ali meio milhão. Tivemos sorte de a polícia não levar tudo. O delegado, antes de mim, já havia retirado sua parte.

Janio apareceu mais tarde e me levou para casa. O hospital já estava fechado e voltaríamos no dia seguinte para buscar mamãe.

Mamãe recuperou-se a duras penas desse baque, a que se seguiu uma depressão. Tivemos de interná-la na Granja Julieta, em São Paulo, de onde ameaçava fugir toda vez que íamos visitá-la. Passou a se tratar com meu amigo, o psiquiatra e psicoterapeuta Pedro Paulo Uzeda Moreira, porém os remédios pareciam não fazer efeito. Ameaçava se matar nos ferros da grande lareira que havia no salão da entidade toda vez que a visitávamos. Uma noite, fingiu tomar os remédios para dormir, enquanto os escondia embaixo da língua. De camisola, tomou um táxi e mandou tocar para a casa do médico Pedro Paulo. Lá chegando, pediu que ele pagasse o táxi. Disse ter feito aquilo para ninguém duvidar de que podia fugir mesmo, se quisesse. Igual a ela estou para ver.

Ao sair da internação, mamãe passou a ficar mais em casa, com a sua cachorrinha aos pés. Muito aos poucos retomou a coragem de sair sozinha, dirigir. Tornou-se dependente de papai, que passou a se dedicar completamente a ela.

Algum tempo depois, ela me disse, como se tivesse descoberto de repente:

— Nunca pensei que seu pai fosse um grande marido.

Como assim? Depois de tantas brigas? De tanto me falar mal dele?

O fato é que gostei de vê-los tão ligados, como na verdade sempre o foram, apesar...

Capítulo XXV

Viajei como pombo-correio de Marighella a Paris, Praga e Alemanha Oriental. Em Paris, encontrei-me com Janio, que apresentava a Samuel Wainer, por convite deste, o projeto para a nova *Ultima Hora*. Janio pretendia fazer um jornal que atendesse às classes A e B, para competir com o *Jornal do Brasil* e *O Globo*. E conseguiu, até Samuel voltar de seu exílio e sentir-se enciumado pelo sucesso da *Ultima Hora*.

Fiquei tão encantada com Paris, nessa minha primeira viagem à Europa, que, ao me despedir dela, eu chorava compulsivamente. A dona do hotelzinho onde estávamos hospedados veio até a porta da rua e me perguntou:

— *Est-ce que vous avez du chagrin, madame?*

Chorei mais ainda pela delicadeza da pergunta e pela beleza da palavra *chagrin*. E prometi a mim mesma que, dali para a frente, eu voltaria a Paris, da próxima vez, com um francês melhor para poder lhe contar que minha tristeza era por estar deixando sua cidade para trás.

No dia em que cheguei a Praga, ao subir as escadas do hotel enquanto três homens a desciam, um deles comentou:

— Gostosinha...

Ia fingir que não ouvi, mas não aguentei:

— Vocês são brasileiros?

O galanteador ficou branco. Por coincidência era justamente ele o destinatário de uma das cartas de Marighella. Marcamos um encontro para tomar uma cerveja. Os três estavam lá. Um deles era tcheco, trabalhava na Rádio de Praga, morou alguns anos no Brasil como funcionário da embaixada da (antiga) Tchecoslováquia, e só tinha elogios para nosso país. Olhava-me com doçura e inveja. Só falava no Rio de Janeiro. Praga, apesar de linda, não devia ser lá essas coisas para se viver. Eu estava começando a ficar confusa. Um cineasta brasileiro que lá se autoexilou contou que a maioria do povo praticamente só comia batata com salsicha — era o que dava para um operário comprar. Não estava entendendo mais nada. Uma noite, fui assistir à *Mandrágora*, de Maquiavel, cujo texto eu já representara no Rio, sob a direção de Paulo José. Fiquei fascinada. Que atores! Um teatro pobre que se baseava unicamente na arte do ator.

Eu era abordada na rua por pessoas querendo trocar dólares no câmbio negro. Já comecei a não gostar. Então um povo comunista comete irregularidades? Aos 30 anos, meu comunismo ainda era ingênuo. Eu também. Eram editados no Brasil livros sobre teoria marxista, leninista, stalinista, e tantos mais istas, porém nunca nada sobre o dia a dia de um povo sob um regime comunista. Quando havia algo, eram revistas ou livros romanceados, oficiais, sectários, e sempre autoelogiosos. Eu não queria problemas com o regime, por isso só trocava dólares nos bancos, que pagavam uma ninharia. Mas tudo era muito barato, hotel, comida, livros, teatro, papelarias.

Um dia, trocava dinheiro em um banco, e, ao sair, um senhor muito magro, com uma capa surrada, me pergunta se sou brasileira. Ficou encantado e me disse em seu parco português:

— Carlos Drummond de Andrade.

Fiquei perplexa. Ele sabia Drummond de cor em sua língua, e alguns poemas em português. Não queria mais me largar. Por ser conterrânea do poeta, eu era para ele um alento. Que coisa fantástica: um homem visivelmente de parcos recursos, porém enfronhado em poesia. Hoje me pergunto se não seria algum dissidente desprezado. De qualquer modo, educação e cultura sempre foram itens fundamentais nas sociedades socialistas.

Em 1967, Praga vivia os primórdios de sua Primavera. Rudolf Slánský e seus companheiros, enforcados como traidores a mando de Stálin, em 1952, tinham sido reabilitados, e todo o Processo Slánský estava sendo revisado. Eu conhecia a história por ter lido *L'aveu*, o livro de Arthur London, um dos raros comunistas que escaparam da morte nesse processo e que se exilou em Paris. (O filme de Costa-Gavras, *A confissão*, baseado no livro, só seria feito anos depois.) Era uma história impressionante do expurgo stalinista na Tchecoslováquia, quando 13 verdadeiros comunistas foram torturados até confessar serem trotskistas, titoístas e sionistas.* Eu estava feliz com a revisão dos processos e com o socialismo de "rosto humano" que, sob a direção de Alexander Dubček e seus auxiliares, estava sendo aos poucos implantado no país.

Essas mudanças culminariam na Primavera de Praga, no ano seguinte, 1968, e na trágica invasão da cidade pelos soviéticos. Havia algum tempo eu acompanhava toda a revisão dos processos armados por Stálin nos países socialistas. E sentia amargamente a morte dos grandes militantes perpetrada pelo ditador em todo o mundo. Também já lera Trótski e Victor Serge, sobretudo as denúncias do último, nas quais nenhum comunista quis acreditar por ter ele se tornado trotskista e, portanto, um "provocador". Eu mesma só fui lê-lo com quase 30 anos.

À procura de um táxi nas ruas de Praga, não conseguia que parassem. De repente, vejo vindo em minha direção um negro altíssimo carregando um canudo idem, todo encapotado, embora mais parecesse um nativo africano com sua lança. Aquela figura estranha naquele país de brancos alvos destoava de tudo. Abordei-o:

— *Please, sir, how can I get a taxi?*

— *You must stop at a corner with that signal. Can you see it?*

---

* Depois de eleito primeiro presidente da Tchecoslováquia, o escritor e dramaturgo Vacláv Havel, símbolo da luta pacífica contra o jugo soviético, nomeou o filho de London, também Arthur, embaixador na União Soviética.

— *Oh, thank you, very much. Where are you from?*
— *Ethiopia.*
— *Are you studying here?*
— *Yes. My country has a program with the Czech government.*
— *And what do you prefer, here or Ethiopia?*
— *My land, of course.*

Quase caí para trás. Então aquele magnífico africano preferia seu longínquo e miserável país à Tchecoslováquia socialista?

"Só pode ser por causa do sol", pensei de cabeça ainda feita pela literatura soviética. Que droga!

Achei que já estava na hora de sair dali e ir para Berlim Oriental. Estava doida para ver o Berliner Ensemble, o famoso grupo de teatro de Bertolt Brecht. Ao descer do avião, fui posta num cubículo de vidro e fotografada por todos os ângulos. "Isso aqui está muito policialesco", pensei. Talvez precisassem de todo aquele cuidado, em plena Guerra Fria, com tantos espiões. Também o policial em Nova York me fizera perguntas, quando ali desci cinco anos antes, em 1962, e reclamava por eu levar um litro de cachaça como cobertor para o frio — não sabia ser proibido entrar em país estrangeiro com comida ou bebida não adquirida nos *free shops*. Os americanos, porém, até me deixaram ficar com a cachaça.

Quando me liberaram, não havia mais ninguém no aeroporto de Berlim, nem sequer um táxi. Fui empurrando minha pesada mala com os pés até a saída, quando um funcionário me perguntou em inglês se eu aceitava uma carona de um carro particular. Qualquer coisa para sair dali, pensei. O homem do carro devia ser motorista de alguém importante. Dei o nome do hotel. Como ele não falasse inglês, fomos em silêncio até ele me mostrar, excitado, um pedaço do Muro entre árvores e algumas casas. Desde 1961 era a grande novidade da cidade.

Fiquei apenas poucos dias em Berlim Oriental. Consegui assistir a uma montagem de *Mann ist Mann* (*Um homem é um homem*), de Bertolt Brecht, que eu, Paulo José, Fauzi Arap e outros colegas ensaiamos na garagem de minha casa em Ipanema. Não tivemos dinheiro para montar o espetáculo. No *hall* do teatro berlinense, no intervalo entre o primeiro e o segundo ato, estava a grande atriz Helene Weigel, viúva de Brecht. Elegante, magra, altiva, toda de preto, cabelos presos em coque, conversava com amigos. Com a morte de Brecht, em 1956, ela assumira a direção-geral do Berliner.

No dia seguinte a minha chegada, telefonei pela manhã à mulher a quem devia entregar uma carta. Tomamos o café da manhã no hotel. Ela trabalhava na rádio do Partido e me pediu para dar uma entrevista sobre o Brasil. Topei, mas avisei: "Vou falar sobre o Marighella e a luta armada." Ficou apavorada e desfez o convite. Mesmo assim, quis que eu conhecesse suas companheiras vindas do mundo inteiro. Delas recebi singelos presentes. Em meu retorno, dei-os para minha mãe, que os recebeu emocionada por serem de comunistas exiladas.

No outro dia, teria de passar pela aventura de atravessar o Muro antes de pegar um avião para Roma, a fim de lá me encontrar com Janio, no final daquela viagem. Eu ignorava que o movimento ali era grande, tanto de pedestres quanto de carros. Até parecia haver liberdade de ir e vir. Estranhei. Muitos berlinenses ocidentais e outros europeus o atravessavam sempre para ir ao teatro em Berlim Oriental, com a condição de voltar na mesma noite. Outros vinham de diferentes países a trabalho e retornavam. Ou seja, os de fora eram livres, os de dentro, nem pensar. Tudo para evitar que os do lado comunista conhecessem as benesses do capitalismo e escolhessem a liberdade. Entrei na fila com meu malão (nunca mais viajei com mala grande) e fui brevemente entrevistada por um belo oficial soviético, que me devolveu o passaporte quase de imediato — era simpático, gentil e sorridente, um contraste com relação aos sisudos alemães.

Um jovem austríaco que atravessava o Muro de carro, vendo-me sem condução e atrapalhada, me ofereceu carona. Incrível, porque, apesar de bem-apessoado e elegantemente vestido, não falava inglês — deu para entender que estava a trabalho não sei onde e atravessava o Muro todos os dias. A incompetente alemã-oriental que marcara minha passagem havia assinalado o aeroporto errado, e, assim, com meu voo quase· perdido, o rapaz ainda correu comigo para o aeroporto de Tempelhof. Era uma delicadeza desinteressada, pois eu estava indo embora. Acabei perdendo o voo e, tendo que chegar a

Roma até uma determinada hora para encontrar meu companheiro, pedi no balcão para arranjarem outro avião. Só poderia chegar a Roma desdobrando minha passagem a cada cidade avançada em meu percurso. Aceitei, e, numa viagem a ser feita em três horas, levei nove. A cada cidade tinha de desembarcar de mala e tudo e marcar mais um pedaço em direção a Roma. Sim, é verdade, todos os caminhos levam a Roma. Tão tonta fiquei com tantas escalas e mudanças de avião que, ao chegar a Genebra, pensava estar em Gênova. Só desconfiei depois de uns dez minutos admirando vitrines repletas de relógios e chocolates, desconfiada por ignorar serem os italianos especialistas nesses produtos. "Meu Deus", pensei, "ainda estou em Genebra" — eu trocara um nome pelo outro.

Cheguei a Roma trocando as pernas. Mas o carregador, ao bater a porta do táxi, se despediu assanhado:

— *Ciao, angelo!*

Me senti em casa.

E tudo, ufa, acabou dando certo.

Capítulo XXVI

O país recuava. Nada do que se alegara sobre o perigo comunista, como pretexto ao golpe, se provara. Não houve retorno à democracia. O novo regime, embora prosseguisse sob a Constituição de 1946, começou a mudar as instituições através de decretos, chamados Atos Institucionais. Entre 1964 e 1969, foram decretados 17 Atos Institucionais. Mas, naquele ano de 1967, a ditadura ainda não mostrara toda a sua face autoritária: o Congresso continuava funcionando. O AI-1 suspendera as imunidades parlamentares e cassara mandatos e direitos políticos por dez anos. Garantias a magistrados e funcionários públicos, asseguradas pela Constituição, foram suspensas por seis meses para permitir expurgos no serviço público. E houve a instalação dos Inquéritos Policial-Militares, os IPMs, "pela prática de crime contra o Estado ou seu patrimônio e a ordem política e social ou por atos de guerra revolucionária".

Tais poderes funcionaram como salvo-conduto para perseguições aos opositores do regime, que passaram a ser presos e torturados.

A perseguição aos estudantes foi atroz: depois de ter incendiada a sua sede, a UNE passou a atuar na clandestinidade; a Universidade de Brasília, um modelo de ensino renovador, foi considerada subversiva e invadida pelos militares.

Repressão pior se deu no campo (embora já existisse, por parte dos donos da terra*), especialmente nas Ligas Camponesas. Os sindicatos urbanos sofreram intervenção, e suas diretorias foram presas.

Em 1964, primeiro ano do golpe, cinquenta deputados foram cassados e 49 juízes expurgados. Cerca de 1,5 mil pessoas foram demitidas do funcionalismo público, e 1,1 mil das Forças Armadas — todas visadas por suas posições nacionalistas. Os governadores de Pernambuco, Sergipe e Goiás, respectivamente, Miguel Arraes, Seixas Dória e Mauro Borges, foram depostos. Entre os políticos com mais evidência, foram cassados Jango, Brizola, Jânio e Juscelino. Sob inspiração do general Golbery do Couto e Silva, foi criado o Serviço Nacional de Informações (SNI), que se transformou num monstro do governo militar, como admitiria seu próprio criador, anos mais tarde. Não me enganei quando pressenti que aquela ditadura viera para ficar.

Daí para a frente, o autoritarismo político só foi se agravando. Como ainda havia eleições estaduais, a classe

---

* Na Paraíba, João Pedro Teixeira foi expulso da terra que ocupava e passou a organizar pequenos proprietários ameaçados de expulsão pelos usineiros. Assassinado em 1962, sua história foi documentada no belo filme de Eduardo Coutinho, *Cabra marcado para morrer*. Pedro Teixeira foi o fundador da primeira Liga, em Sapé.

média, apoiadora do golpe, mas desiludida, em alguns estados votou na oposição. E, assim, vendo-se a perigo, os militares decretaram o AI-2, estabelecendo eleições indiretas para presidente e vice-presidente, em sessão pública e voto nominal. Adeus eleições e voto secreto!

A medida mais grave do AI-2 foi a extinção dos partidos. Daí em diante haveria apenas dois: a Arena e o MDB, este reunindo a oposição.*

Nas eleições para a Câmara dos Deputados, em 1966, a esquerda mais radical fez campanha pelo voto nulo. Eu votei nulo, para depois considerar um erro: a Arena teve 63,9% dos votos e o MDB, 36%. Ou seja, apesar de os candidatos serem apenas os permitidos

---

* O AI-2, pela sua gravidade, provocou ato de protesto de alguns intelectuais de prestígio no Rio de Janeiro, em frente ao Hotel Glória: Carlos Heitor Cony, Antonio Callado (jornalistas e escritores), Glauber Rocha, Joaquim Pedro de Andrade, Mário Carneiro (cineastas), Ênio Silveira (editor), Flávio Rangel (teatrólogo), Jayme Azevedo Rodrigues (embaixador). Gritaram "Ditador!" "Fascista!" à passagem do presidente Humberto Castello Branco, quando este entrava no hotel para uma reunião da OEA. O episódio ficou conhecido como "Os Oito do Glória". Márcio Moreira Alves correu atrás do carro da polícia que levava os manifestantes para o quartel da Barão de Mesquita, exigindo ser levado com seus companheiros. Thiago de Melo, o poeta ali presente, se apresentou no dia seguinte para também ser preso. Alguns artistas de nossa célula de teatro, como Vianna, Francisco Milani, eu e outros dos quais, infelizmente, não me recordo iam todos os dias até o quartel, na Tijuca, reclamar a soltura dos presos. Como não nos deixavam entrar, ficávamos num botequim em frente, mandando recados para eles e recebendo respostas. Até hoje, conservo uma, de Flávio Rangel, me agradecendo a presença e me enviando também um abraço de Glauber Rocha, a seu lado na cela.

pelos militares, o voto nulo facilitou muito para a situação governar a seu bel-prazer.

Uma nova Constituição foi aprovada pelo novo Congresso em janeiro de 1967. E em março tomou posse na presidência do país o general Artur da Costa e Silva e para vice-presidente um civil udenista da Arena, Pedro Aleixo. Linha-dura, na escolha de seu ministério, o novo presidente cortou o grupo de Castello Branco, cujo governo ainda deixaria saudades em vista do que veio depois.

Quando eu fazia *Pequenos burgueses*, de Górki, com o grupo Oficina, na Maison de France, em 1965, uma noite o presidente Castello foi nos assistir. Aliás, ele gostava muito de teatro, e raramente perdia uma peça. No intervalo entre o segundo e o terceiro ato, pediu para cumprimentar a equipe no palco, com as cortinas fechadas. Fui contra, junto com uma gaúcha guerreira também do elenco. Sentadas nos degraus à porta dos camarins, eis que o presidente e seu ajudante de ordens passam por ali inesperadamente para atingir o palco pelos fundos. Castello passou entre nós duas e cumprimentou:

— Boa noite.

Silêncio.

O restante do elenco, enfileirado no palco com o diretor, foi cumprimentado com um aperto de mão, e agradeceram. Nenhuma reação. Raros são os resistentes a cumprimentos, venham de onde for.

Compareci ao Congresso Nacional do Comitê Cultural do PCB, em 1967, logo após minha viagem à Europa, muito despreparada para defender a luta armada diante da maciça oposição do Partido. Os delegados, todos homens — eu era a única mulher. Conhecedores de minha linha, os companheiros me nomearam secretária, para me manter ocupada na mesa diretora, responsável pela ata.

Em meio às discussões, recebo de Leandro Konder uma caricatura na qual eu atirava como uma *cowgirl* para todos os lados. Os defensores da luta armada perderam arrasadoramente: apenas dois votos a favor, um deles o meu.

Marighella pediu demissão do Comitê Executivo e foi para Cuba em meados de julho do mesmo ano, para a reunião da Olas — Organização Latino-Americana de Solidariedade —, onde fez um pronunciamento a favor da luta armada no continente em prol do socialismo. Valeu-lhe a expulsão do Comitê Central, ratificada pelo Partido em dezembro de 1967.

Nessa ocasião, outros membros do Comitê Central, ainda com esperanças de um partido renovado, com formas de lutas mais radicais e menos reformistas, e que se constituíam numa chamada Corrente, tiveram o mesmo fim: Mário Alves, Joaquim Câmara Ferreira, Jacob Gorender, Apolônio de Carvalho.

Marighella e Joaquim Câmara Ferreira fundaram a ALN (Ação Libertadora Nacional); Mário Alves, Apolônio e Gorender, o PCBR (Partido Comunista Brasileiro Revolucionário). Outros expulsos foram para o já existente PCdoB, de linha chinesa.

Desempregada por períodos maiores que os anteriores, já que o teatro passava a ser cada vez mais perseguido pela censura, comecei a fazer trabalhos de tradução e a procurar emprego. Fui estagiária no jornal *Ultima Hora*, na seção Internacional, durante a sua reforma, empreendida pelo editor Janio de Freitas.

Apesar de filha de jornalistas, nunca me passara pela cabeça adotar a mesma profissão. Aconteceu. E tão despreparada estava que, quando o secretário do jornal, Mário Rolla, baixou uma primeira página diagramada, em minha mesa, e disse "Três de nove", fiquei perplexa.

Que diabo de código seria aquele?

Saí em busca de primeiras páginas impressas penduradas no "pau" e contei os títulos. Só podia ser aquilo. Títulos de matérias com três linhas de nove batidas cada uma. Ufa! Acertei um título de primeira página para a matéria internacional. Fiquei na profissão.

Samuel Wainer voltou do exílio em Paris e, enciumado pelo fato de o sucesso da reforma do jornal não ser seu, demitiu Janio de Freitas; toda sua equipe se demitiu. Saí de lá com amigos para a vida toda.

Juntava o trabalho de jornalista ao de atriz, o primeiro ainda insuficiente para sobreviver. Enquanto ensaiava, à tarde, num dos papéis principais, ao lado de Tereza Rachel, dirigida por Maurice Vaneau, a peça

O assassinato de irmã Geórgia, à noite eu trabalhava no jornal. Depois da estreia, passei a trabalhar no período da tarde, quando traduzia trinta laudas por dia de matérias da revista francesa *Historia*, cujos direitos a *Ultima Hora* comprara.

O trabalho na peça foi minha primeira indicação para o Prêmio Molière, perdido para Glauce Rocha.

Em meados de 1968, Rubens Correa e Ivan de Albuquerque me chamaram para inaugurar o Teatro Ipanema e fazer parte de seu grupo permanente. A primeira montagem foi *O jardim das cerejeiras*, de Anton Tchékhov. Com a experiência adquirida no Teatro de Arena de São Paulo, propus ensaiarmos o espetáculo e, devido ao contexto em que a peça foi escrita, termos aulas de sociologia, de história e filosofia, respectivamente, com Alberto Coelho de Souza, Hugo Werneck e José Américo Pessanha. Os três eram professores de primeira linha que, meses mais tarde, seriam aposentados pelo AI-5. As aulas nos davam um estímulo intelectual e artístico. Eu representava Vária, personagem que tentava o tempo todo manter o status da decadente aristocracia familiar. Foi a segunda interpretação em que perdi o Molière, agora para Eva Tudor.

O espetáculo não teve o sucesso de público esperado. Teatro é sempre uma surpresa. Como a ideia era fazer um teatro de repertório, Rubens Correa montava, ao mesmo tempo, seu inesquecível *Diário de um louco*, de Gógol, uma das mais impressionantes interpretações do teatro brasileiro.

UM GOSTO AMARGO DE BALA

Capítulo XXVII

O ano internacional de 1968, na verdade, teve suas sementes plantadas na década anterior, com as revoltas contra os regimes comunistas em Berlim, 1953, e o levante húngaro, em 1956, seguido de ocupação por tropas soviéticas. Esse levante desesperado foi o início de um grave impacto sobre as novas gerações: as ilusões de um novo mundo se desfaziam. Começava a ficar claro que a União Soviética não se mostrava disposta a abrir mão do monopólio de poder sobre suas nações satélites, mantendo com mão de ferro os partidos comunistas daqueles países. Nenhuma liberalização ou reforma seria permitida, sob a desculpa de provocações do imperialismo americano. Estas de fato existiam, porém nunca se provou que líderes húngaros reformistas, como Imre Nagy e seu grupo, mortos pelos soviéticos, fossem agentes provocadores — um dos capítulos mais trágicos da história do comunismo internacional, quando 200 mil pessoas fugiram do país. Apesar de derrotado, o movimento não deixou de dar frutos: acabou havendo uma pequena liberalização na Hungria após a retirada das tropas russas.

O auge desse processo se deu com a invasão da Tchecoslováquia, em 1968.

Ao lado disso, um novo poder nascia, fruto do *baby boom* pós-Segunda Guerra Mundial: o poder jovem. Até então a juventude não existia. Passava-se da infância para a maturidade sem escalas. O primeiro sintoma de mudança se deu na aparência: as gangues do final dos anos 1950, que usavam roupas pretas e justas, de couro. A "juventude transviada" era exibida por Marlon Brando no cinema, em filmes como *O selvagem*, e James Dean, em *Juventude transviada*. A roupa passou a ser importante como afirmação de uma insatisfação com o "*American way of life*" — com a padronização. Vivia-se e trabalhava-se para alcançar casas com jardins gramados, automóvel na garagem, casamento formal, filhos amáveis. Uma mentira do sonho americano. E um tédio só.

Se por trás desse novo modismo havia toda uma indústria do consumo, nem por isso ele deixou de ser cultural. O rock se revelava ao mundo em filmes como *O balanço das horas*, em si medíocre, mas com a fantástica trilha musical de Bill Haley e Seus Cometas, cuja canção-título, *Rock around the clock*, até hoje é capaz de fazer dançar os mais resistentes.

Assisti a esses filmes mais encantada pela música do que pelos novos costumes. Ainda havia um moralismo muito grande por trás deles, fruto da censura hollywoodiana, mas eram um veículo das mudanças de comportamento, como os filmes e a música de Elvis Presley (cafonas), que levavam a juventude ao delírio.

Na França, surgiu a Nouvelle Vague, o novo cinema francês, inspirado pela revista *Cahiers du Cinéma*, centralizadora da noção do cinema de autor e conduzida por Jean-Luc Godard, Louis Malle, Claude Chabrol, François Truffaut.

Na Itália, vingava o neorrealismo, que, em certa medida, iria influenciar a produção cinematográfica brasileira.

Bergman despontava, levando aos cinemas uma multidão de jovens e intelectuais que, no Rio de Janeiro, lotavam o Cine Paissandu, dando origem à "geração Paissandu". Os amantes de cinema, na década de 1960, viram, sem dúvida, o que de melhor essa arte produzia.

A moda dava os primeiros urros de liberdade com a minissaia, que se seguiu ao jeans. E o sexo, com a pílula anticoncepcional. Tudo isso só era possível, em países subdesenvolvidos, da classe média para cima.

A chamada "revolução sexual" foi mais lenta, começando, na verdade, na década de 1970. Já em meados da década anterior, ouvindo falar por uma colega, a atriz Rosamaria Murtinho, sobre hormônios para não engravidar, aderi logo àquela minoria atrevida que, antes do surgimento dos anticoncepcionais, não temia ingerir três a quatro comprimidos diários de hormônios a fim de garantir uma vida sexual menos preocupante.

As mulheres passaram a vestir calças compridas, outra forma de afirmação e rompimento com os preceitos burgueses e conservadores dominantes. Nascia a geração "Paz e Amor". Na Bloch Editores, onde eu então trabalhava na revista *Desfile*, só depois de um abaixo-assinado pelo mulherio conseguimos usar calças compridas nas redações.

Os jovens começavam a trocar os cursos de engenharia, advocacia e medicina pelos de ciências humanas. Até que ponto a literatura, em voga na época, influenciou os movimentos da juventude mundial? Que influência teve sobre a cultura a análise estruturalista do antropólogo Claude Lévi-Strauss? Ou a do filósofo Herbert Marcuse, alegando que a sociedade de consumo não se sustentava apenas na exploração econômica do proletariado? Para Marcuse, o consumo de bens desviava a energia humana da busca pela satisfação, sobretudo a sexual.

De outra parte, as revoluções chinesa e cubana serviam de exemplo para a nova juventude, mais preocupada em alcançar a justiça social por meio do "homem novo", pregada por Che Guevara.

Filósofos, intelectuais e analistas políticos são unânimes em afirmar que, na base de todos os movimentos que sacudiram os anos 1960, estava o marxismo. Se fosse para compreender o mundo, escrevia Sartre, "considero o marxismo a filosofia insuperável da nossa era". Até adversários concordavam.

Os próprios comunistas começavam a sentir a necessidade de uma releitura de Marx, até para salvar os PCs, desacreditados após o desmascaramento do stalinismo. A "revolução permanente" de Trótski teve um renascimento. Os trotskistas acusavam os comunistas oficiais de terem interrompido a revolução ao restringi-la a um único país — a chamada Cortina de Ferro. Também Rosa Luxemburgo, a brilhante filósofa e economista comunista, que ousara, ao lado de Karl Liebknecht, a revolução espartaquista de Berlim, em 1919, foi ressuscitada por sua divergência com Lênin, a propósito do partido único. O filósofo comunista húngaro György Lukács, que, nos anos 1920, escrevera sobre alternativas ao oficialismo da história e da literatura, ganhava cada vez mais adeptos, dentro dos partidos comunistas ocidentais. No Brasil, Leandro Konder se dedicava ardorosamente ao renascimento das ideias de Lukács. Antonio Gramsci, um dos fundadores do PC italiano, começou a ser estudado a tal ponto que deu origem a um novo comunismo, imperante na Itália: o eurocomunismo. O filósofo Louis Althusser, do PC francês, fez uma releitura do marxismo nos ensaios de *Pour Marx*. Sua tese é o anti-humanismo teórico que dá primazia à luta de classes em detrimento da individualidade, considerada um princípio burguês. A confusão e as cisões, mais do que nunca, frequentavam os anos rebeldes de 1960.

A ideia dominante era que o proletariado deixara de ser a classe revolucionária, pelo seu conformismo e lutas sempre ligadas a reivindicações salariais — vício bastante exercido pelos PCs —, em vez de palavras de ordem mais políticas. Era o caso do Terceiro Mundo, sobretudo em nosso continente. Fidel Castro só foi se proclamar socialista alguns anos depois da Revolução Cubana. Ou seja, sua ação revolucionária prescindira do movimento comunista nacional ou internacional.

A publicação de *A revolução na revolução*, do francês Régis Debray, que contemplava a transformação sociopolítica em Cuba, tornou-se leitura preferida de jovens estudantes no mundo inteiro. O conteúdo do livro incitava à prática revolucionária.

Capítulo XXVIII

Depois da derrota do colonialismo francês, na batalha de Dien Bien Phu, em 1954, os americanos ocuparam seu lugar no Vietnã, sob o argumento de não permitir que o Sul caísse nas mãos do comunista Vietnã do Norte, chefiado por Ho Chi Minh. Essa guerra enlouqueceu "corações e mentes" em todo o mundo. A expressão vem do título do principal documentário, *Corações e mentes*, sobre a atuação americana no Vietnã.

Nos Estados Unidos, onde o movimento pelos direitos civis dos negros ganhava cada vez mais corpo, outro veio se juntar a ele: o maior combate de norte-americanos, nas ruas, contra uma guerra da qual seu país era litigante. Era tão apaixonante quanto aflitivo acompanhar essa guerra pelos jornais e pela televisão. E depressivo, dado o genocídio praticado pelos americanos contra o povo vietnamita. Eram bombardeios incessantes sobre o Vietnã do Norte e uso de napalm no Sul. A primeira guerra química de que se tem notícia.

Janio e eu nos juntávamos à noite a um grupo na casa do crítico de arte Mário Pedrosa, onde se conversava sobre todos os acontecimentos sem sectarismos,

188   VERA GERTEL

falsas dissertações ou certezas. Passamos a ter aulas de economia com Carlos Lessa, recém-chegado de um país latino-americano de língua espanhola, para nos inteirarmos melhor das questões econômicas, que começavam a tomar conta de nossos jornais com seu "economês".

Mário Pedrosa era simples, afável, sem preconceitos de espécie alguma, aberto a qualquer ideia política, desde que socialista. Ele foi o fundador do Partido Socialista no Brasil. Sentado em sua poltrona desenhada por Sérgio Rodrigues, rodeado de obras de arte, presenteadas pelos próprios artistas e espalhadas por todo o apartamento, nos recebia com o mais largo dos sorrisos. Inesquecível. Em meio a uma aula ou reunião social, vinha o cafezinho de Mary, sua mulher, que interrompia no quarto sua persistente tradução do livro *Finnegan's Wake*, de James Joyce, para nos servir.

Dois anos depois, em 1970, decretada sua prisão, apesar dos 70 anos, Mário foi obrigado a se exilar na embaixada do Chile. Eu o visitava lá. Era seu segundo exílio; o primeiro fora durante o Estado Novo. No Chile, Mário fundou o Museu da Solidariedade, com obras de grandes artistas doadas ao governo de Allende.

Capítulo XXIX

A Guerra do Vietnã foi a grande faísca incendiária da alma juvenil da época. E prenunciou-se violenta com a Ofensiva do Tet, em 31 de janeiro de 1968.* Só em Saigon, capital do Vietnã do Sul, havia mais de 4 mil vietcongues infiltrados na população civil, que, junto com tropas militares do Vietnã do Norte, empreenderam uma das maiores batalhas para reunir os dois Vietnãs. A ação mais noticiada foi a invasão da embaixada americana, onde resistiram por

---

* A ofensiva do Tet foi um grande ataque que norte-vietnamitas e vietcongues lançaram contra várias cidades do Vietnã do Sul, inclusive sua capital, Saigon, onde cercaram a embaixada americana. Na véspera, o presidente Lyndon Johnson havia declarado que o conflito seria de curta duração. O ataque se deu em 31 de janeiro de 1968 e recebeu esse nome por ser o primeiro dia do ano do calendário lunar usado no Vietnã e o feriado mais importante do país. Essa ação militar ganhou os noticiários do mundo inteiro com a reprodução das lutas em tempo real. Entre as mais famosas imagens está a do assassinato de um vietcongue, em plena rua, de mãos amarradas, com um tiro na cabeça, dado por um oficial sul-vietnamita. Embora a ofensiva não tivesse obtido uma vitória militar, alcançou a vitória política. Mostrou para o mundo que aquela guerra não era tão simples como pregava o governo americano. Não só a população americana como o restante do planeta passaram a questionar o conflito e a dar início aos inumeráveis protestos contra os Estados Unidos, obrigados daí em diante a negociações, em Paris, para o seu término.

seis horas. Os vietcongues chegaram a ocupar 36 cidades sul-vietnamitas.

Dias antes, num almoço oferecido só para mulheres por Lady Bird Johnson, esposa do presidente Lyndon Johnson, entre as convivas estava uma miúda e famosa cantora de jazz: Eartha Kitt. Na conversa, o que as preocupava era a violência urbana nas cidades americanas, causadas por negros pobres. As mulheres, brancas na maioria, foram tomando a palavra, até chegar a vez da negra Eartha:

— Vocês enviaram o melhor deste país para o exterior para serem abatidos a tiro ou mutilados. Eles se rebelam nas ruas. Tomam drogas e ficam dopados. Não querem ir para a escola porque vão ser arrancados das suas mães para morrer no Vietnã.

Não faltou quem defendesse a guerra, alegando que soldados, tanto na Primeira Grande Guerra como na Segunda Guerra Mundial, morreram ou ficaram mutilados e nem por isso usavam drogas. Lady Bird interrompeu, alegando que estavam ali para falar de criminalidade e não de guerras, pois o crime nas ruas podia ser solucionado com melhor educação e saúde para o povo. Como lembra, porém, Mark Kurlansky no livro *1968: O ano que abalou o mundo*, Lady Bird e suas convidadas estavam esquecendo do ódio.

Desde 1965, o Students for a Democratic Society, organização dirigida por Stokely Carmichael, a favor dos direitos civis dos negros, convocava manifestações contra a Guerra do Vietnã. Acabaram se juntando a eles centenas de milhares de seguidores do pastor Martin Luther King Jr., defensor de manifestações pacíficas pelos direitos dos negros. Outras organizações também foram se manifestando, como os Panteras Negras, partidários da conquista pela violência armada. Tinham em comum o protesto contra a guerra. Jornais e televisão exibiam imagens terríveis de monges sul-vietnamitas se imolando nas ruas, contra o governo corrupto e repressivo de Nguyen Van Thieu, no Vietnã do Sul.

Aumentavam os *sit-ins*, protestos inspirados nas manifestações pacíficas de Gandhi contra o colonialismo inglês. Os estudantes se sentavam, ocupando uma rua ou uma instituição governamental, para reagir à polícia. Acabavam todos presos ou apanhando. Jovens chamados para a guerra rasgavam seus cartões de convocação, recusando-se a lutar. Personalidades, como o ator Paul Newman, enviavam seus filhos para o Canadá, país disposto a receber recrutas desertores. Jane Fonda, recebida por Ho Chi Minh, sentou-se num canhão vietnamita para mostrar de que lado estava. Sem dúvida, a televisão e os jornais estavam vencendo essa guerra para os comunistas. A famosa imagem do coronel sul-vietnamita matando com um tiro na cabeça um jovem vietcongue de mãos amarradas acarretou o questionamento das reais intenções dos Estados Unidos. É o que queria saber o povo americano ao ver um de seus tenentes pôr fogo numa aldeia de palhoças, onde só havia velhos, mulheres e crianças. Ou a visão de uma menina correndo aos gritos, nua e queimada por napalm, por uma estrada onde desfilavam jipes de guerra americanos.

No livro sobre a correspondência entre a filósofa Hannah Arendt e sua amiga e escritora Mary McCarthy, esta pede para apressarem sua viagem a Hanói, a pedido dos norte-vietnamitas, desejosos de um fim do genocídio no Vietnã.

Os estudantes berlinenses também fizeram, naquele início de 1968, grandes movimentações contra a Guerra do Vietnã. Tinham suas próprias insatisfações internas: o regime alemão ainda era repressivo, e existiam nazistas no governo. Heinrich Lübke, presidente da Alemanha Ocidental, era acusado de ter ajudado a construir campos de concentração; o chanceler Kiesinger trabalhara para o governo de Hitler. Uma nova geração de estudantes começou a se dedicar a uma desnazificação e a protestar contra a militarização da Alemanha Ocidental, contra a ditadura militar da Grécia e a opressão do xá do Irã, cuja visita a Berlim deu origem a violentas manifestações entre estudantes e polícia.

Acredito que Maio de 68, na França, teve início em fevereiro de 1968, em Berlim. Rudi Dutschke, talvez o maior de todos os líderes estudantis na Europa, era um estudante de teologia que, como os colegas, não se conformava com o fato de a Igreja não questionar, em seus sermões, a imoralidade da repressão alemã, nem a da Guerra do Vietnã. Seu grupo, SDS (Sozialistischer Deutscher Studentenbund*), organizou, no mês de fevereiro, um Congresso Internacional sobre o Vietnã, o primeiro grande encontro internacional de movimentos estudantis em 1968, que se realizou no auge da Ofensiva do Tet, com a presença de líderes estudantis de vários países. Os futuros líderes parisienses das revoltas na França, como o trotskista Alain Krivine e Daniel Cohn-Bendit, estavam presentes. Esse congresso aparece em um filme sobre o grupo radical Baader-Meinhoff, na época inexistente. Havia ainda estudantes italianos, gregos, escandinavos e ingleses. O paquistanês Tariq Ali, líder de um grupo inglês chamado Vietnam Solidarity Campaign, estava lá.

O encontro foi realizado na Universidade Livre de Berlim, onde mais se estudava Marx. Houve uma sessão de doze horas em que, no auditório, apareceu uma imensa bandeira da Frente Nacional de Libertação do Vietnã. Dizeres saltavam aos olhos, como o de Che Guevara: "O dever de todo revolucionário é fazer a revolução." Gritos de "Ho, Ho, Ho Chi Minh" vibravam em uníssono.** Palavras de Tariq Ali sobre a Ofensiva do Tet durante o congresso:

"Uma onda de alegria e energia repercute no mundo inteiro, e milhões de pessoas estão de repente exultantes, pois deixaram de acreditar na força do seu opressor."

---

* Estudantes por uma Sociedade Democrática
** Cenas mostradas no filme *O grupo Baader-Meinhof.*

O mundo vibrava com ou temia a possibilidade de a maior potência militar do planeta ser derrotada por esquálidos vietcongues e empobrecidos soldados do Vietnã do Norte.

Rudi Dutschke, o Vermelho, como era conhecido o jovem líder alemão, não desdenhava dos problemas dos estudantes alemães, que reivindicavam reformas no ensino e universidades mais democráticas. Passou a sofrer uma cruel perseguição da imprensa alemã, dominada por Axel Springer, dono de 14 publicações, como o jornal *Bild Zeitung*, servil a todas as políticas de agressão dos Estados Unidos. Dutschke sofreu um atentado, levando três tiros, um deles na cabeça. Mas sobreviveu. Horas após o atentado, milhares de jovens enfurecidos atacaram, com pedras e tochas, aos gritos de "Springer, nazista!", o edifício de 19 andares, de vidro e aço, que abrigava o complexo jornalístico de Springer, apesar da violenta repressão policial com jatos de água, gás e cassetetes.

Com tudo isso, os estudantes alemães não conseguiram mobilizar os operários. "Quando atiraram em Rudi", declarou Alain Krivine, "houve a primeira manifestação violenta espontânea em Paris." Rudi foi atacado em 11 de abril de 1968.

A revolta francesa de Maio de 68 não foi tão espontânea, nem tão despolitizada como acreditava o PC francês, que se posicionou contra. Um de seus líderes, Cohn-Bendit, estivera em Nova York por ocasião do enterro de dois dos três ativistas pelos direitos dos negros, barbaramente assassinados no estado de Mississippi, uma história recuperada pelo filme de Alan Parker, *Mississippi em chamas*. Cohn-Bendit ficara impressionado com o desprendimento dos dois jovens judeus mortos pela Ku Klux Klan. Vindos de Nova York, se dirigiram para o Mississippi mesmo sabendo como seria perigoso estar lá.

Enquanto a Universidade de Nanterre se agitava, em março de 1968, contra um autocrático sistema universitário, o trotskista Alain Krivine, que acompanhara a luta de Rudi Dutschke em Berlim, já fundara o grupo Jeunesse Communiste Révolutionnaire,* ligado aos movimentos radicais de Berlim e de Berkeley, nos Estados Unidos.

O menos político de todos os movimentos foi justamente o que mais conseguiu inflamar a entediada juventude francesa: o Mouvement du 22-Mars, liderado pelo alemão Cohn-Bendit, radicado na França. O Mouvement du 22-Mars, restrito a reivindicações estudantis em Nanterre, começou a ganhar corpo quando o governo conservador do general Charles de Gaulle enviou a polícia para dar um basta nas agitações. Cohn-Bendit recebeu ordens de comparecer perante uma junta disciplinar em Paris.

Considerando-se "revolucionários de ação direta" — conceito difundido por Debray —, os alunos de Nan-

---

* Juventude Comunista Revolucionária.

terre partiram para Paris. Ora, a capital francesa estava coalhada de forças de segurança, em virtude das conversações de paz, a fim de alcançar uma solução para o conflito do Vietnã. Era a chispa que faltava. Os estudantes ocuparam a Sorbonne, o que também fez a polícia. Foi um verdadeiro escândalo o fato de a mais famosa universidade do mundo ocidental ser fechada.

Cohn-Bendit e o presidente da União Nacional dos Estudantes, Jacques Sauvageot, foram presos com mais seiscentos estudantes. Segundo o próprio Cohn-Bendit: "Eu era um libertário, os outros líderes vinham de uma tradição socialista." Enquanto George Marchais, secretário do PCF, exigia que o Partido não apoiasse o movimento estudantil, Jean-Paul Sartre, filósofo e atuante intelectual da esquerda francesa, marchava ao lado dos chamados *enragés* (raivosos).

O governo aumentava as medidas punitivas, mas a fúria de estudantes crescia. Estavam cansados da Guerra Fria e da Guerra do Vietnã. Ainda não haviam se recuperado da dolorosa Guerra da Argélia, na década anterior. As novas palavras de ordem eram:

"É proibido proibir."

"Sejam realistas, exijam o impossível."

"Não tomem o elevador, tomem o poder."

"A anarquia sou eu."

"Abaixo a sociedade de consumo."

"Parem o mundo, eu quero descer."

"A barricada fecha a rua, mas abre o caminho."

"Quanto mais faço amor, mais quero fazer a revolução. Quanto mais faço a revolução, mais tenho vontade de fazer amor."

"Abraça o teu amor sem largar a tua arma."

"A política se dá nas ruas."

"O patrão precisa de você, você não precisa dele."

"Eu participo, tu participas, ele participa, nós participamos, vós participais. Eles lucram."

"Corre, camarada, o velho mundo está atrás de você."

"Construir uma revolução é também romper todas as amarras interiores."

Eram centenas de pichações e de frases libertárias. Extremamente revolucionárias, ultrapassavam o senso comum da política fechada entre partidos, parlamentos, para rejuvenescer o marxismo.

A polícia arrancava os cartazes, cobria as pichações, mas outras apareciam, cada vez mais inovadoras. Lembro-me do quanto vibrávamos com esses acontecimentos. Ainda conservo um *long-play*, sobre Maio de 68, com falas de seus principais líderes, e até o famoso discurso de De Gaulle, que restituiu a França aos "verdadeiros franceses", a burguesia que o ajudara a se eleger na Quinta República.

Com o grande número de jornalistas e cadeias de televisão estrangeiras em Paris, para as negociações de paz, o Maio de 68 francês foi vastamente coberto pela mídia.

Os rebeldes cresceram a tal ponto que os sindicatos acabaram decretando uma greve geral, que parou toda a França. Essas greves, no entanto, haviam sido promovidas por operários mais jovens, ainda não viciados pelo PC francês.

Como explicou mais tarde o próprio Cohn-Bendit, estudantes e operários nunca estiveram juntos. A classe operária, ao contrário do que afirmava Lênin, havia muito deixara de ser a vanguarda da revolução. Teria sido algum dia?

As ruas parisienses se tornaram um campo de batalha perfeito, seus velhos paralelepípedos sendo usados como armas. Não apenas as barricadas lembravam o levante da Comuna de Paris, em 1871; os estudantes cantavam a Internacional, hino escrito durante a Comuna e que depois virou hino do comunismo internacional.

A gravidade da situação recrudesceu quando o governo francês decidiu deportar o judeu alemão Cohn-Bendit. Deportação, aliás, a que os franceses sempre estiveram acostumados — durante a Segunda Guerra Mundial, milhares de franceses judeus foram entregues pela polícia local aos ocupantes nazistas.

Com a expulsão de Cohn-Bendit, o lema dos estudantes passou a ser: "Somos todos judeus alemães." Dezenas de milhares desfilaram com essa frase de protesto.

E De Gaulle falou. Com voz cansada, porém firme, exortou os franceses a decidir o que queriam: *La réforme oui, la chienlit non.* A reforma sim, a baderna não.

Em 24 de maio, De Gaulle fez um discurso definitivo, pedindo que se realizasse um referendo sobre sua longa liderança. Como os tumultos não cessassem, com os estudantes tentando atear fogo à Bolsa de Valores, De Gaulle descartou a ideia do referendo. Dissolveu a Assembleia Nacional e convocou eleições. Tudo sob o argumento de que a nação estava à beira de cair nas mãos dos comunistas totalitários. Uma grande manifestação no Champs-Élysées foi organizada por seus seguidores, que, apoiando a ideia de novas eleições, acabou por restituir à França seu antigo poder.

Palavras de Alain Krivine sobre o fim do Maio de 68 na França:

> De Gaulle foi o político mais astuto que a França produziu. De Gaulle entendia os comunistas. Entendia Stálin. [...] Em 1968, ele sabia que os comunistas aceitariam que as eleições se realizassem. Não o referendo. O referendo foi um pequeno erro tático. Ninguém o desejava. Mas, uma vez as eleições propostas, tudo terminou. Ele nunca entendeu os estudantes, mas, no fim, pouco importava. Salvou a direita em 1945 e fez o mesmo em 1968. [*]

A desejada revolução não aconteceu como idealizada, houve reformas. As universidades que ficaram se democratizaram.

---

[*] *1968: O ano que abalou o mundo*, de Mark Kurlansky.

CAPÍTULO XXX

Chegou a vez da trágica Praga de 1968.

Cada novo ato liberalizante na Tchecoslováquia chamava a atenção do Partido Comunista da União Soviética. A grande preocupação dos soviéticos era não perder o monopólio dos PCs em seus países satélites. Alexander Dubček, preocupado com tal possibilidade, tentou convencer Brejnev de que, apesar de suas medidas mais democráticas, o regime continuaria socialista sob seu partido único. Não foi suficiente.

Em julho de 1968, manobras militares passaram a ser feitas junto à fronteira tcheca. E, em 21 de agosto, 500 mil soldados do Pacto de Varsóvia invadiram a Tchecoslováquia. Não sem, antes, nomes como o do cineasta Milos Forman e o dramaturgo Vacláv Havel se tornarem conhecidos mundialmente como resistentes. Estudantes que se manifestavam, insistindo na abertura do regime, eram presos pela repressão. Sentiam-se parte do movimento libertário mundial da juventude. O "socialismo de face humana" estava em marcha com seus *slogans*:

"Gostaria de aumentar nossa população, mas não tenho apartamento."

"Menos monumentos e mais pensamentos."

Alexander Dubček foi, sem dúvida, o grande herói da face humana do socialismo em seu país. De origem humilde, camponesa, nascido na Eslováquia, ele conseguira manter-se no Partido apesar do desprezo pelos burocratas pró-soviéticos. Ao assumir a liderança do país, já preparava aberturas econômicas e políticas, sob o regime socialista. Sua família, com mulher e filhos, desde o início, temeu por sua sorte no enfrentamento.

Às tropas soviéticas que avançavam pelas ruas de Praga os estudantes ofereciam flores, subindo nos tanques ou fazendo *sit-ins* diante deles. Os soldados tinham ordem de não aceitar provocações e só disparar se fossem atacados. Os estudantes estavam desarmados. A Rádio Praga, um alvo que sabiam crítico, teve sua frente murada pelos estudantes que queriam defendê-la. A rádio cobria, ao vivo, os tristes acontecimentos. Ônibus e carros virados serviam de barricadas contra os tanques, ruas foram fechadas. Os jovens falavam russo com os soldados, chamando-os de irmãos e camaradas. Coquetéis molotov eram atirados para dentro dos tanques, enquanto jovens de minissaias distraíam os soldados. Às vezes um tanque pegava fogo, outras, alguns estudantes morriam.

"Vá embora, Ivan."

"Socialismo, sim, ocupação, não."

"Isto não é o Vietnã."

"Lênin, acorde! Brejnev enlouqueceu!"

As paredes falavam por si.

Quando fecharam a rádio, estações clandestinas puseram-se a transmitir a voz de Václav Havel, exortando escritores e intelectuais tchecos a resistir: "Por acaso, sou um dos poucos cidadãos tchecos que ainda pode usar um transmissor livre neste país. Presumo que me dirijo a vocês em nome dos escritores tchecos e eslovacos, num apelo urgente de apoio."

Alguns partidos comunistas, como o italiano e o japonês, atacaram a invasão soviética. Na Alemanha Oriental, centenas de trabalhadores se recusaram a assinar uma petição apoiando a invasão. O romancista polonês Jerzy Andrzejewski declarou: "Os colegas poloneses estão com vocês, embora privados de livre voz em nosso país." No Rio de Janeiro, o editor Ênio Silveira, membro do PCB, organizou um manifesto contra a invasão, assinado por artistas e intelectuais.

Os líderes tchecos foram presos e levados para Moscou. Poucos dias depois, apareceram vivos, pálidos. Dubček tinha um ferimento na cabeça "feito ao escorregar num banheiro". Ota Šik, o economista responsável pelo Novo Modelo Econômico a ser implantado e vice-primeiro-ministro de Dubček, era judeu e sofreu, com outros do governo, referências antissemitas de Brejnev. Sob ameaças, o grupo elaborou um documento em que ambas as partes entraram em acordo, embora tal acordo nada contivesse dos anseios de Praga. A delegação retornou da União Soviética com o documento, e Dubček, mal se mantendo em pé, em 27 de agosto proferiu um discurso, garantindo ao povo que aquelas eram "medidas temporárias".

O grupo de Dubček foi destituído do poder, mas não pagou com a vida. Rebaixados na escala social, uns foram ser lixeiros; Dubček foi cuidar de motosserras, na Bratislava. Desta vez, nenhum foi julgado ou condenado à morte. Não havia mais condições para tanto. Pavol Dubček, o filho de Alexander, lembra que a família sofreu muito, achando que o pai seria executado, como Imre Nagy, em 1956, na Hungria. Mas Dubček só morreu em 1992, num desastre de automóvel, quando o BMW em que viajava como passageiro saiu da estrada. "Era um trecho estreito da estrada para Bratislava, e o tempo estava bom, o que não deixa de ser estranho", declarou o filho.

Em 1977, Václav Havel se tornou coautor da "Carta 77", manifesto contra os abusos aos direitos humanos no governo comunista da Tchecoslováquia. Após a democratização, foi eleito presidente do país por dois mandatos.

O filme *O processo*, de Costa-Gavras, baseado no livro de Arthur London, *L'aveu*, sobre o processo de Slánský e sua reabilitação depois de morto, termina com a frase pichada na parede:

"Lênin, quantos crimes se cometem em teu nome!"

Quanto à Itália, em 1968, os estudantes se uniram aos operários, provocando uma série de greves. O objetivo era destruir o poder reinante. O maoismo estava mais difundido lá do que em qualquer outro país europeu, o que resultou em grandes cisões dentro do PCI. Grupos, partidos e jornais alternativos insistiam no termo marxismo-leninismo para se diferenciar dos comunistas, tidos como acomodados por quererem apenas mudanças no sistema. O governo havia muito era dominado pela corrupção democrata-cristã, nunca disposta a largar o poder, apesar do significativo eleitorado do PCI.

Durante as manifestações estudantis de Turim, em junho de 1968, as palavras de ordem eram "Não à paz social nas fábricas!"; "Não transforme o Estado, destrua-o"; "Só a violência funciona onde há violência."

À época, Pier Paolo Pasolini observou que os papéis das classes sociais estavam invertidos: filhos de privilegiados gritavam palavras revolucionárias e agrediam os filhos mal-remunerados dos camponeses do sul, responsáveis pela preservação da ordem. Em Turim, a guerra do Vietnã serviu de mote para um protesto de 10 mil pessoas diante da Fiat: "Agnelli, Vietnã em sua fábrica." Ou: "O que nós queremos? Tudo!" Sem dúvida, os italianos foram muito mais agressivos e menos românticos que os franceses.

O movimento durou até 1973, com greves que quase paravam o país. Fui testemunha, numa viagem de trabalho a Roma, onde mal conseguia me locomover de táxi, tal o número de variadas manifestações que atravessavam cruzamentos. Os taxistas xingavam e praguejavam contra as greves (*scioperi*). Não consegui voltar na data marcada por causa de *sciopero* na Alitalia estatal.

Intelectuais de esquerda influíam nas agitações. No ano seguinte, 1969, surgiu *Il Manifesto*, uma revista mensal da facção mais à esquerda do PCI, dirigida por Rossana Rossanda. Em 1970, essa revista virou um jornal, ainda hoje em circulação. Do duradouro "outono quente", na Itália, surgiu o grupo armado Brigadas Vermelhas, que culminou no sequestro e assassinato do primeiro-ministro Aldo Moro, em 1978.

Capítulo XXXI

No continente latino-americano, 1968 atingiu o nível de tragédia com o massacre de estudantes, pela polícia e exército, na capital do México. Uma manifestação na praça das Três Culturas, em Tlatelolco, foi dissolvida a tiros, a dez dias da inauguração dos jogos olímpicos naquele país. As Olimpíadas de 1968 pareciam o acontecimento ideal para o governo mostrar que o país vivia um momento econômico privilegiado, com crescimento da classe média. Apesar do poder absoluto do presidente Díaz Ordaz, o mais conservador de todos os políticos do sempiterno PRI, o México não se considerava uma ditadura, pois a cada seis anos trocava de presidente, embora sempre do mesmo partido. O aparente milagre mexicano mostrava que 78% da renda nacional ia para apenas 10% da sociedade, uma injustiça social que os próprios estudantes do PRI (um partido que ainda se considerava herdeiro da revolução de 1910) identificavam. Qualquer participação política só era possível através desse partido.

Os estudantes mexicanos assimilavam a contracultura norte-americana, com o Poder Negro, Eldridge Cleaver, Angela Davis, Muhammad Ali (Cassius Clay já convertido). Liam Norman Mailer, mas também Franz Fanon (*Os condenados da terra*) e Régis Debray; admiravam Che Guevara e cultuavam Emiliano Zapata. Por trás da mistura na vestimenta de jeans e camisas no estilo indígena, estava uma outra: mantinham uma tradicional cultura francesa. Sartre era seu grande intelectual. E, de olho nas manifestações do Maio de 68 francês, o Partido Revolucionário Trotskista dos Trabalhadores da Cidade do México realizou, em 31 de maio, um comício para estudantes e operários. O jornal fundado pela Quarta Internacional acusava sistematicamente o PCF e a CGT franceses de traidores do movimento revolucionário. Nada disso escapava aos serviços de informação do México, preocupados com o que poderia acontecer durante as Olimpíadas. Como se sabia, Díaz Ordaz tinha grandes ligações com a CIA e o FBI. Nada lhe escapava dos movimentos sociais, sobretudo os comunistas e trotskistas.

Mesmo com as prisões lotadas de presos políticos há pelo menos dez anos, estudantes e intelectuais quiseram organizar uma manifestação de solidariedade aos estudantes franceses. Os pequenos grupos de esquerda, porém, não conseguiam se unir.

Até que, na segunda metade de julho, explodiu uma briga entre duas escolas secundárias, aparentemente de causa ignorada. A polícia usou de tal violência, espancando e prendendo dezenas de alunos e professores, que a sociedade mexicana se sensibilizou. Um grupo de estudantes exigiu liberdade para os presos. Ao contrário de manifestações em favor de presos políticos, feitas apenas por militantes de partidos, esta reuniu muito mais gente. Aconteceu em 26 de julho, com ônibus incendiados, pedras atiradas nos soldados, latas de lixo como barricadas — um combate que durou dias. Resultado: um morto, centenas de feridos e um maior número de presos.

Os estudantes conseguiram, a partir de então, fundar um Conselho Nacional de Greve, com trezentos delegados. E deram início a denúncias contra a grande imprensa pela completa adesão ao governo, isentando-se de noticiar o porquê da revolta. Passaram a criar as brigadas, com 15 membros, cada qual com o nome de uma personalidade dos anos 1960, como a Brigada Alexander Dubček, mostrando mais uma vez como o mundo havia acompanhado com expectativa a Primavera de Praga. Não seria demais lembrar que a "Primavera dos Povos", em 1968, teve início na de Praga, em 1967.

A agitação, acompanhada de violência policial e militar, passou a ser noticiada por alguns jornais americanos, que lembravam as Olímpiadas próximas, o que Díaz Ordaz não desejava. Donde sua ameaça: "Faremos o que for preciso."

Os estudantes ignoraram as ameaças e marcaram uma grande manifestação. O encontro entre o Conselho Nacional de Greve (CNH) e o governo fracassou em seu propósito.

Em Tlatelolco, a 2 de outubro de 1968, dez dias antes das Olimpíadas, houve o massacre que entrou para a história do México. Uma hora antes da manifestação, a polícia já impedia a entrada de carros. Mesmo assim, chegavam operários, estudantes, famílias. Soldados disfarçados de civis subiram para o edifício Chihuahua e se misturaram ao comando do Conselho Nacional de Greve. Foram, depois, identificados como "atiradores de tocaia". Logo no primeiro discurso, abriram fogo contra a multidão embaixo, atirando indiscriminadamente. O povo corria, mas era barrado pelo exército, que também atirava. Uma perfeita armadilha. Outros eram atacados com fuzis e baionetas. As prisões começaram a se encher com gente ensanguentada. Enquanto a televisão anunciava "um incidente policial", jornais, como o *New York Times*, falavam em 29 mortos e 80 feridos. O *Guardian*, de Londres, foi mais preciso: 325 mortos, uma cifra citada pelo poeta e ensaísta mexicano Octavio Paz, que "encerrou, como protesto, sua carreira diplomática".* E milhares de desaparecidos: fora os mortos, presos ou unidos à guerrilha. Famílias foram ameaçadas, ou outros filhos morreriam. O governo falou em quatro mortos e vinte feridos. Até hoje, nenhum dos responsáveis pelo massacre foi punido.

---

* *1968: O ano que abalou o mundo*, de Mark Kurlansky.

Capítulo XXXII

Se na Europa os governos foram menos brutais na repressão (a revolta de Maio de 68 na França teve um morto, afogado no Sena), muito diferente foi a violência no continente americano contra os Panteras Negras ou sob as ditaduras militares. No Brasil, a centelha de 1968 se deu com o assassinato do secundarista Edson Luís, em 28 de março, no famigerado Calabouço, enquanto, do lado de fora, estudantes protestavam contra a qualidade da comida servida no restaurante estudantil.

Com medo de que a PM sumisse com o cadáver, os estudantes carregaram Edson Luís até a Assembleia Legislativa, na Cinelândia, onde foi velado durante toda a noite. Artistas e intelectuais acorreram ao local para prestar sua solidariedade. A emoção era grande diante daquele nordestino raquítico, inofensivo, que jamais sonhou do que sua morte seria capaz. Terminada a autópsia, feita no local, no dia seguinte seu enterro foi acompanhado por cerca de 50 mil pessoas até o Cemitério São João Batista, em Botafogo, aos gritos de "Mataram um estudante. E se fosse seu filho?" para as janelas dos apartamentos, na esperança de despertar a solidariedade da classe média, em sua maioria apoiadora do golpe militar. Conseguiram: logo apareceram alguns lençóis brancos, nas janelas e sacadas, à sua passagem. "Bala mata fome?" era um dos cartazes carregados pela multidão, realmente impressionante, séria, brava, atrevida e cansada da violência contra as reivindicações.

Em 4 de abril, uma missa na Candelária, proibida pela polícia, mas que Dom Castro Pinto insistiu em celebrar em homenagem a Edson Luís, terminou cercada pela cavalaria, que impediu a saída das seiscentas pessoas. Corajosos, padres se deram as mãos, formando uma espécie de parede para defender a saída dos estudantes, jornalistas e intelectuais ali presentes. Os cavalarianos, com sabres desembainhados, esperaram todos saírem e os encurralaram, batendo em padres, mulheres, idosos, estudantes e quem mais estivesse à frente. Saldo: dezenas de feridos. Essa violência foi amplamente mostrada por jornais e revistas.

No início de junho, a movimentação estudantil carioca se aguçou, e, no dia 18, o líder Jean Marc van der Weid foi preso com outros colegas. A fim de exigir a soltura dos presos, o movimento ocupou a Universidade Federal do Rio de Janeiro (UFRJ). A PM cercou a universidade e os estudantes obtiveram a palavra do reitor de que podiam se retirar, pacificamente. Que reitor, que nada! O resultado foi a prisão de mais trezentos estudantes, que apanharam ali mesmo, encurralados no campo de futebol do estádio do Botafogo, para onde correram. Deitados no chão, obrigados a andar

212   VERA GERTEL

de quatro como animais, foram humilhados, com soldados urinando sobre eles.

No dia seguinte, o Rio de Janeiro acordou horrorizado com os filhos da classe média sob as botas militares, exibidos nas primeiras páginas dos jornais. Um grupo formado por intelectuais e artistas foi ao governador Negrão de Lima pedir pela libertação dos presos: Clarice Lispector, Hélio Pellegrino, Oscar Niemeyer, Glauce Rocha, Carlos Scliar, Janio de Freitas, Cláudio Marzo, Luís Linhares, Rubens Correa, Ivan de Albuquerque, Milton Nascimento, eu e outros mais cujos nomes não me recordo. Tenho uma foto do grupo.

No dia 21 de junho, uma manifestação estudantil em frente à embaixada norte-americana, no Rio de Janeiro, terminou com 28 mortos, centenas de feridos, mil presos e 15 viaturas da polícia incendiadas. Ficou conhecida como a "Sexta-feira Sangrenta". A repercussão desse episódio foi gritante, e, dessa vez, decidiu-se dar um basta a tanta violência. Foi organizada uma passeata dos estudantes com vários setores da sociedade — a Passeata dos 100 Mil, que aconteceu no dia 26 de junho de 1968, e cuja preparação aconteceu nos teatros, sobretudo no Gláucio Gil. Além de líderes estudantis e padres, lembro-me das presenças constantes de Janio de Freitas, Hélio Pellegrino, Washington Novaes e Ferreira Gullar. A liderança dos estudantes não se deu via PCB, talvez pelo temor do Partido de uma radicalização da ditadura — que ocorreu de qualquer modo.

"O povo unido jamais será vencido", frase gritada pela multidão, era uma ilusão. A Passeata dos 100 Mil foi um sucesso, e o general Arthur da Costa e Silva resolveu dialogar.

A comissão de representantes foi formada pelos estudantes Vladimir Palmeira e Franklin Martins; pelo psicanalista Hélio Pellegrino, pelo padre Luciano Castelo, pelo acadêmico José Américo Pessanha e pela representante das mães, Dona Irene Pappi. Marcada a data para a ida ao Planalto, alguns membros da Comissão foram substituídos. Na conversa com o general presidente, estavam os estudantes Franklin Martins e Marcos Medeiros; Hélio Pellegrino, José Américo Pessanha, o padre João Batista Ferreira e o advogado Marcello Alencar.

Antes de entrarem no gabinete da presidência, houve um entrave, porque Marcos Medeiros estava sem paletó. Discute de cá, discute de lá, ele acaba concordando em vestir um emprestado pelo cerimonial. Despreparados para aquele diálogo, tanto o estudante que fez uma pergunta quanto o presidente que a ouviu não se entenderam. O presidente considerou-se ofendido e o pretenso diálogo não aconteceu.

Paralelamente, a classe operária se agitava, com greves, as mais conhecidas tendo sido as de Contagem, em Minas Gerais, e de Osasco, em São Paulo, ambas reprimidas com extrema violência.

São Paulo estava em outra etapa de luta. Disfarçados com fardas do exército, quatro homens levaram os fuzis das sentinelas do hospital militar do Cambuci; dois dias depois, em 26 de junho, uma caminhonete explodiu ao se chocar contra o portão de um quartel-general, matando o soldado Mário Kozel. Seis outros militares saíram feridos.

Se por um lado os estudantes repudiavam a Lei Suplicy, de Lacerda, que extinguia a autonomia da representatividade deles, por outro a Igreja recusava as leis restritivas de associação no campo e nas fábricas, sob a corajosa atuação do arcebispo de Olinda e Recife, Dom Helder Câmara.

Além do cerceamento da autonomia dos diretórios acadêmicos (DCs) estudantis pela Lei Suplicy, o acordo do Ministério da Educação e Cultura com a Agência dos Estados Unidos para o Desenvolvimento Internacional (Usaid) revelou um certo propósito de desnacionalização do ensino no Brasil, ainda que notáveis educadores brasileiros, como Anísio Teixeira e Paulo Freire, já houvessem empreendido métodos inovadores e eficientes no combate ao imenso analfabetismo em nosso país.*

Os militares caminhavam para o ensino pago, destruindo nossas melhores escolas públicas. E os estudantes, junto com a Igreja, foram a grande pedra no caminho daquele golpe subversivo.

---

* O educador Paulo Freire, cujo método de alfabetização lograra êxito com camponeses e lavradores aprendendo a ler em 45 dias, foi preso como traidor. Anísio Teixeira foi grande defensor do ensino público, laico e gratuito no país.

Em setembro do ano anterior, 1967, sob a presidência de Aldo Arantes, realizara-se o 29º Congresso da UNE, liderado pela AP, que foi mais uma vez acolhido pela Igreja. Os delegados preteriram reivindicações específicas de sua classe por outras políticas, ávidos por liberdade de associação e mudança da sociedade. Foi realizado com sucesso, mas terminou com violenta repressão policial e a prisão, além de estudantes, de vários sacerdotes, entre eles frei Chico, frei Leo Helf Ruff, prior dos dominicanos de Vinhedo, e o padre Terence Hill, da Ordem de Santa Cruz, acusados de dar guarida aos congressistas.

A UNE passou a presidência para Luís Travassos, que recebeu elogios de Dom Jorge Marcos de Oliveira, bispo de Santo André. A Igreja havia protestado contra a violência pela voz de frei Eliseu Lopes, do Convento dos Dominicanos do Leme, que declarara: "Num país em que a defesa dos direitos da pessoa humana for crime, há justificativa para a revolução, de acordo com a *Populorum Progressio*, de Paulo VI" (*Correio da Manhã*, 4 de agosto de 1967, citado em *O poder jovem*, de Arthur José Poerner). A Carta Política da UNE, tirada no congresso, denunciava os golpes militares nos três continentes do Terceiro Mundo (Ásia, África e América Latina), além de apoiar o povo vietnamita em sua luta de libertação.

Capítulo XXXIII

"Neste luto começou a luta", foi o grito dominante durante o enterro de Edson Luís. O movimento de protesto contra a ditadura iria se radicalizar. Das 50 mil pessoas que tiveram a coragem de acompanhar o féretro, a pé, da Cinelândia até o Cemitério São João Batista, durante cerca de três horas, talvez muito poucas estivessem dispostas a pegar em armas para enfrentar os militares, mas a grande maioria apoiaria essa forma de luta ou ela não teria durado de 1968 a 1974, quando a Guerrilha do Araguaia foi exterminada. Foram apenas seis anos, intensos, dramáticos, em que pessoas importantes perderam a vida, justamente as mais desejosas de um destino melhor para o país. Não estavam preparadas para a repressão brutal, tortura, assassinato, ausência de processos judiciais, para o "terror de Estado", implantado com ajuda da CIA, por meio de interrogatórios comandados por oficiais brasileiros treinados nos Estados Unidos.

O governo militar, não contente em expulsar da Universidade de Brasília — fundada por Darcy Ribeiro — seus melhores professores, ordenou ao exército e à polícia a invasão de salas de aulas. Equipamentos foram destruídos, causando um prejuízo de milhões à universidade. Um estudante foi ferido à bala na cabeça, mas sobreviveu. A intenção era prender o líder Honestino Guimarães. Essa estupidez, em 29 de agosto de 1968, foi condenada pelos órgãos de imprensa, e até mesmo a Arena — partido do governo — fez um abaixo-assinado pedindo apuração dos responsáveis pelo crime. O parlamentar Márcio Moreira Alves foi mais longe e, em discurso no Congresso, pregou o boicote popular ao desfile militar de Sete de Setembro.

Em meados de outubro, realizou-se o célebre Congresso da UNE, em Ibiúna, quando foram presos quase mil estudantes e os líderes Vladimir Palmeira, José Dirceu, Luís Travassos (que estava encerrando sua presidência na entidade) e Jean Marc von der Weid (eleito para dirigir a entidade por mais um ano). Os três primeiros só foram soltos um ano depois, quando do sequestro do embaixador americano Charles Burke Elbrick, realizado pela ALN e a Dissidência Universitária, que passou a se chamar MR-8 a partir do episódio.

Na noite de sexta-feira, 13 de dezembro de 1968, ao final do espetáculo *O jardim das cerejeiras*, em que eu atuava, estavam me esperando Janio de Freitas, Washington Novaes e Hélio Pellegrino. A insegurança se instalara no país com a decretação do AI-5, o golpe mais duro na democracia, pois dava poderes absolutos ao regime militar. Prisões iriam se suceder em massa, sob qualquer pretexto; a repressão poderia invadir qualquer casa, sem mandado judicial. Era o pior dos atos institucionais decretados no Brasil durante a ditadura militar.

Depois do AI-5, as manifestações pacíficas minguaram e as ações armadas recrudesceram. Eram tantos os grupos que só mesmo o pesquisador e fundador do PCBR, Jacob Gorender, poderia reuni-los em livro (*Combate nas trevas*, Ática, 1987). Os grupos mais significativos, a meu ver, foram ALN, PCBR, PCdoB, MR-8, VPR e Var-Palmares. Seriam massacrados. Nem o Partido Comunista Brasileiro escapou da brutal repressão após a ditadura ter desbaratado os grupos armados. A política de segurança do continente, ditada pelo Pentágono, era de extermínio total das esquerdas.

Capítulo XXXIV

O teatro começou a ficar um universo pequeno demais para mim. Mesmo assim, no ano seguinte, 1969, montamos no Teatro Ipanema a peça de Ionesco *Amédée*, numa excelente adaptação e direção de Rubens Correa, sob o título de *Como se livrar da coisa*. Ele e eu representávamos um casal de velhos em cujo apartamento crescia sem parar — os dois personagens fingindo não ver — um boneco com quepe militar, que acabava por ocupar todo o ambiente. A trilha sonora *País tropical* soava, naquele espetáculo do absurdo, terrivelmente cínica: "Moro, num país tropical, abençoado por Deus, e bonito por natureza, mas que beleza!"

Passamos a um teatro de repertório com Ionesco às terças e quartas, Gógol, às quintas e sextas, e Tchékhov nos fins de semana. Eu, porém, já não conseguia sobreviver com o salário do teatro. Fazia frilas e traduções.

Nessa época meu filho Vinícius entrou para o Colégio André Maurois, então um dos melhores do Rio, dirigido pela grande figura de educadora que foi Henriette Amado. Apesar do retrocesso sofrido pelo sistema educacional na ditadura, ela seguia aplicando seus preceitos de liberdade com responsabilidade. Era um colégio com ideias inovadoras, próximas à da experiência de Summerhill, fundada por A. S. Neill na Inglaterra.

Certa vez, a polícia apareceu no André Maurois para prender "um grupo de subversivos". Henriette impediu a invasão. Assistindo à cena pela janela, os alunos a ovacionaram quando a polícia se retirou. Apesar disso, em agosto de 1971, a escola foi cercada e sua diretora, expurgada da função. Ela ficou alijada do ensino, sob acusação de incentivar a revolução sexual entre os alunos.

Na nova atividade a que me lançava, traduzi do francês a peça *A mãe*, de Bertolt Brecht, inspirada no romance homônimo de Máximo Górki. A censura levou oito meses para liberar o texto, e nada garantia que conseguiríamos liberar o espetáculo depois de pronto. Ivan Ribeiro e Rubens Correa queriam que eu fizesse o personagem central, mas eu não acreditei que pudesse representar uma velha sem ser numa comédia. Com a demora na liberação da peça, o Teatro Ipanema partiu para outros planos, e eu também. Queria participar, de um modo ou de outro, do processo revolucionário. Mas, antes, colaborar com a derrocada da ditadura.

Capítulo XXXV

Após o AI-5, importantes intelectuais, obrigatória ou voluntariamente, partiram para o exílio para escapar das perseguições. Artistas e jornalistas passaram a atuar em semiclandestinidade para driblar a censura. Um exílio interno. Meu dilema era: como atuar na luta armada sem abandonar meu filho, a quem queria criar a qualquer custo? Minha casa se tornou apoio logístico de diferentes grupos, fossem oposicionistas pacíficos ou os dispostos a pegar em armas.

O sequestro do embaixador americano se tornou um alento para os inconformados. Quinze presos políticos, de diferentes organizações de esquerda, seriam soltos.[*] E na noite em que saíram do país, trocados pelo embaixador, recebi um recado de Joaquim Câmara Ferreira, líder do sequestro, para apanhá-lo numa esquina da praia do Flamengo. Ainda era desconhecida a identidade dos sequestradores. No manifesto lido em todas as televisões e publicado em todos os jornais por exigência

---

[*] Entre os presos libertados estava o antigo militante do PCB Gregório Bezerra, arrastado pelas ruas de Recife em 1964, amarrado a um jipe e com três cordas no pescoço, seguras por três soldados para mantê-lo em pé, e que estava preso desde então.

dos sequestradores, constavam as seguintes assinaturas: ALN e MR-8, este até então desconhecido. Essa ação marcaria para sempre a história do país.

Fui com Janio ao encontro de Câmara, que não revelou sua participação; queria saber sobre a repercussão da audaciosa ação.

A ideia do sequestro nascera com o estudante Franklin Martins, membro da Dissidência Universitária saída do PCB. O Partido perdera, logo após o golpe, alguns de seus melhores militantes, indignados com sua direção, segundo a qual o governo estava sob controle, afirmando que o exército brasileiro era, em sua maioria, legalista. Ingenuidade ou má-fé. Na verdade, até a União Soviética parecia não estar interessada em outro governo socialista na América Latina, além de Cuba.

O apoio logístico à guerrilha fazia de tudo um pouco: recebia clandestinos, escondia armas, providenciava disfarces, casas para perseguidos, servia de pombo-correio. Era um apoio arriscado. Certa vez, tive de sair de casa com a roupa do corpo e filho pela mão para escapar de uma denúncia anunciada. O jornalista Flávio Tavares fora preso, depois de seu grupo ter praticado um assalto, frustrado, a um banco. Junto com alguns marinheiros revoltosos de 1964, Flávio fundara o grupo MAR (Movimento Armado Revolucionário), do qual eu não participava. Mas, sendo grande amigo e colega, estivera em minha casa com Marighella. Se ele, sob tortura, me entregasse, eu estaria perdida. Eu não tinha a menor ideia de como contatar Marighella. Ele simplesmente aparecia.

Janio e eu soubemos do dramático assalto pelo rádio; seus participantes haviam sido presos e submetidos a tortura, como de costume. Flávio teve de reconstituir todo o seu passo a passo, antes e depois do assalto. Para onde fora? Onde se escondera? Quem o ajudara?

Antes de ser preso, ele pedira ajuda a dois amigos: os jornalistas José Augusto Ribeiro e Janio de Freitas, que foram convocados pelo temível DOI-Codi e acareados com Flávio. Mandei por Janio um vidro de vitaminas para Flávio — velho hábito de fazer *kits* para presos políticos.

Escondida em São Paulo na casa de meus pais, sem que eles soubessem o porquê, mantive sigilo o quanto pude. Até que mamãe se trancou comigo no quarto e me obrigou a falar. Contei ter tido contato com Flávio e Marighella ao mesmo tempo. Assustados, meus pais queriam que eu partisse para Paris. Sem me convencer, minha mãe me deu, então, um conselho dos mais sábios: se eu prosseguisse na militância, pelo menos só trabalhasse com os líderes conhecidos: Marighella, Câmara, Mário Alves. "Estes não falam."

Flávio não me entregou. Na acareação com José Augusto, Flávio cochichou, ao seu ouvido, ser melhor admitir que passara uma noite em sua casa para que as investigações da polícia não chegassem ao meu nome. José Augusto foi solto logo, depois de confirmar que

Flávio Tavares dormira uma noite em sua casa e que desconhecia o assalto — o que era verdade. Janio, assim que chegou à PE da Barão de Mesquita, levou um chute de um policial, ao qual reagiu e apanhou de vários deles. Isso lhe valeu uma noite de prisão. No dia seguinte, no momento em que o preparavam para uma sessão de choques, foram interrompidos por um oficial da Aeronáutica, que desejava interrogá-lo. Após a acareação, em que mais uma vez ficou confirmada a ajuda apenas pela amizade, com total desconhecimento do assalto, Janio entregou ao oficial as vitaminas que eu mandara para Flávio. O oficial olhou o vidro, desconfiado. Janio lhe disse que poderia escolher qualquer uma, que ele a tomaria. Foi solto.

Daquela vez, saí impune, por pouco.

Minha situação financeira chegara a um ponto em que me via obrigada a voltar para São Paulo e ficar em casa de meus pais. Meu filho, então com 12 anos, não queria sair do Rio. Contou ao pai que íamos embora por falta de dinheiro, e Vianna, que então trabalhava na TV Globo, se dispôs a nos ajudar com uma pensão.

Marília Abreu, ex-colega de jornal, me ofereceu emprego na revista *Desfile*, da Bloch Editores. Entrei como repórter especial.

A primeira matéria que Justino Martins, o editor da revista, me pediu foi "O que uma freira leva em seu enxoval, quando entra para o convento?" Nada podia ser mais sem sentido. Entrevistei várias religiosas para descobrir que a Igreja Católica estava muito preocupada porque ninguém mais queria ser freira. E agora? Escrevi uma reportagem narrando a verdade, descrevendo ambientes de orfanatos onde freiras atuavam, sem uniforme, e deixei de fora o enxoval, com que ninguém mais se importava. O cronista Carlinhos de Oliveira era o principal redator da revista e gostou da matéria. Foi publicada.

Fiquei muito dividida, trabalhando numa publicação fútil, enquanto queria mesmo era ser correspondente internacional. Mas pelo menos estava empregada. Aos poucos fui descobrindo que *Desfile* podia ser uma revista feminina diferenciada. E ali fiquei por quase vinte anos.

Um mês após minha admissão na revista, morreu Carlos Marighella, o mais importante chefe da guerrilha brasileira. Foi morto numa emboscada preparada pelo delegado Sérgio Fleury, no dia 4 de novembro de 1969.

Morri um pouco também. O que dera errado? Eu parecia um zumbi ao chegar para trabalhar no dia seguinte ao do assassinato de Marighella. Um silêncio inusitado percorria as redações das revistas. Concordassem ou não com sua visão política, todos pareciam sentir sua perda e sua valentia. Eu fiquei imobilizada diante da lauda em branco, na máquina de escrever, sem conseguir bater uma só tecla.

Liguei para a psicanalista Inês Besouchet, indicada pelo amigo Hélio Pellegrino. Precisava de ajuda. Mortes, prisões, torturas, exílios pesavam a tal ponto que eu parecia carregar nas costas a culpa do mundo.

Logo na primeira sessão de análise de grupo, tive um choro convulsivo. Durante cinco anos, uma vez por semana, revelei um subconsciente sofrido, desde a infância. Gradativamente, readquiri a autoestima. A consequência mais visível de minha recuperação foi tornar-me chefe de reportagem da revista, com exceção de moda, beleza e culinária.

Dias depois da morte de Marighella, meu padrinho, Joaquim Câmara Ferreira, apareceu em meu apartamento, no Jardim Botânico, recém-chegado de uma viagem. Marighella o mandara para fora do país, logo após o sequestro do embaixador americano, assim como sua filha, Denise, e o marido. O casal, que já estivera preso em manifestações estudantis, poderia ser pego novamente pela polícia para chantagear uma possível entrega do pai.[*]

Câmara sentou-se na rede que eu tinha estendida na sala — parte da decoração dos anos 1960 — e contou-me ter lido a notícia da morte de Marighella numa pequena nota de fim de página de um jornal italiano. Por ser jornalista, desconfiou que, daquela vez, a notícia podia ser verdadeira. Retornou logo. Conversamos um pouco e fui para cozinha fazer-lhe um café. Quando vol-

---

[*] Denise e o marido, após uma longa viagem, foram parar na Alemanha, de onde vieram seus sogros judeus, sobreviventes de um campo de concentração. Lá, ela teve quatro filhos, o primeiro dos quais recebeu o nome de Carlos — um pedido de seu pai em homenagem a Carlos Marighella, numa carta que lhe escreveu quando ela estava grávida. Câmara não chegou a conhecer o neto.

tei, ele dormia profundamente na rede. Estava exausto. Era longa a volta que tinham que dar os militantes para retornar ao Brasil. Fiquei emocionada diante do repouso daquele guerreiro que jamais esquecia meu aniversário. De onde estivesse, me mandava um livro de presente, assinado "O padrinho".

De agora em diante, meu padrinho seria o chefe máximo da ALN.

Quando vinha ao Rio, ligava para almoçarmos juntos. Como tivéssemos um ponto combinado, só dizia a hora. Caminhávamos pelo Largo do Machado, à procura de um lugar onde comer. Deliciava-se com uma feijoada carioca, dividíamos meia garrafa de vinho. As quedas intermitentes dos guerrilheiros da ALN me preocupavam. E Câmara, o que pensava fazer? Meu padrinho mudava de assunto, pedia notícias de meus pais, batíamos um papo e nos despedíamos sem saber quando nos veríamos novamente.

Capítulo XXXVI

Minha mãe foi desenganada pelos médicos. Estava com aplasia medular. Inconformada, exigi do médico no hospital onde fora internada, em São Paulo, que tudo fizesse para salvar sua vida. Um erro. Com isso, papai e eu só conseguimos estender sua vida por mais seis meses, à custa de transfusões de sangue.

Era o ano de 1970. Eu pegava um ônibus para São Paulo toda sexta-feira à noite, a fim de render papai no hospital, e retornava ao Rio com o coração aos pedaços, no domingo à noite.

Papai, tio Isaac, tia Sarita e eu estávamos com mamãe num sábado à noite quando ligaram para o quarto. A recepcionista informava que um senhor desejava fazer uma visita, embora passasse das 20h. Desconfiei logo. Desci e me deparei com Lourdes, lugar-tenente de meu padrinho, Câmara, que ficara do lado de fora, meio coberto pela sombra de uma árvore e de boina na cabeça. Eu disse à recepcionista que ele era meu tio, irmão de minha mãe, e que viera de longe para vê-la.

Câmara adentrou o quarto de mamãe brincando, como era sempre de seu jeito:

— Que folga é essa, Raquel? Então todo mundo

batalhando e você aí descansando? Olha, o acampamento da guerrilha está pronto, só estamos esperando pela cozinheira.

Mamãe, muito fraca, mal falava. Com as mãos sobre a borda do lençol, ela só fez esticar para ele o dedo médio. Caímos na gargalhada.

Como se as turbulências não bastassem, ganhei uma bolsa de estudos de Artes, em Paris. Era um sonho cultivado havia três anos, quando dei entrada no pedido junto ao Consulado da França, no Rio. Fui aceita para estagiar com Roger Planchon, em Lyon. A hora não podia ter sido pior, e avisei ao consulado não ter condições de viajar naquele momento. Adiaram a bolsa, *sine die*, com a condição de eu pagar a passagem.

Dias depois da visita a mamãe, já no Rio, Câmara me telefonou para almoçarmos, como sempre. Queria notícias de mamãe, sua melhor amiga.

— Igual — respondi. E logo mudei de assunto: — Por que você não vai embora? Sai do país, Câmara, estão todos caindo. Vão chegar a você.

— Não posso abandonar os rapazes — respondeu, para logo também trocar de conversa.

Não me conformei, mas resolvi não insistir. Ele não deixaria os jovens militantes da ALN. Eu queria poupá-lo para o mundo, mas engoli em seco.

Câmara saboreou aquela feijoada, acompanhada de uma taça de vinho, como se fosse a última de sua vida. Elogiava tudo.

Treze dias depois, em 23 de outubro de 1970, ele morreria.

Traído por José da Silva Tavares,* codinome Severino, com quem tinha um ponto, Câmara reagiu à prisão com socos, pontapés e uma dentada na perna de um dos policiais, quase lhe arrancando um pedaço. Apanhou fora e dentro da viatura a caminho do sítio do delegado Fleury, aonde chegou ofegante. Maurício Segall, da ALN, também preso ali, reconheceu o tipo de respiração, igual à de seu pai, Lasar Segall, quando morreu do coração.

Médicos foram chamados para reanimar Câmara, sob gritos dos policiais e do próprio Fleury: "Não morre, agora, seu comunista filho da puta, não agora!"

Maria de Lourdes Rego Mello, a Lourdes, ou "baixinha", da ALN, estava no pau de arara quando meu padrinho chegou ao sítio, onde ocorriam as torturas. Anos depois, já solta, me contou:

— Um policial, no sítio do Fleury, antes de nos aplicar choques elétricos, perguntava: "Pressão alta ou baixa?" Não queriam que morrêssemos antes de "falar". Pendurados no pau de arara, os presos respondiam. Ao chegar a vez de Câmara, no pau de arara, ele olhou

---

* José da Silva Tavares é hoje um alto executivo da Fiat, trabalhando na sede em Minas Gerais. Preso por Fleury ao voltar de Cuba, entregou Câmara em troca de sua vida. A história está contada nos livros do ex-guerrilheiro Carlos Eugênio Paz — *Viagem à luta armada* — e de Luiz Henrique de Castro Silva — *O revolucionário da convicção. Vida e ação de Joaquim Câmara Ferreira*.

para mim, deu um sorriso, e disse: "Pressão baixa." Câmara tinha pressão alta. Não resistiu ao segundo choque.

Câmara lutou até o fim e venceu seus sequestradores.*

A polícia se recusava a entregar o corpo maltratado de Câmara para ser enterrado no jazigo dos familiares, no Cemitério da Consolação, em São Paulo. Lucas Nogueira Garcez, ex-governador de São Paulo, que fora amigo e colega de Câmara na Escola Politécnica, exigiu que o corpo fosse entregue à família.**

---

* Em 1939, Câmara fora preso e barbaramente torturado pela polícia de Felinto Müller. Por estar na mesma sala de torturas de um companheiro sendo massacrado, ele correu até uma janela de vidro, quebrou-a e cortou os pulsos para chamar a atenção dos torturadores e salvar a vida do companheiro. Internado numa clínica em Santa Teresa, vigiado na porta por dois policiais, pulou a janela do quarto com os pulsos enfaixados e tentou pegar o bondinho que passava, sempre àquela hora da noite. Não conseguiu agarrar-se ao bonde andando, por falta de força nos pulsos, e caiu. Os tiras, alertados, conseguiram pegá-lo de novo. Ficou, porém, com sequelas: jamais recuperou os movimentos dos três últimos dedos das mãos.

** O ex-governador Lucas Nogueira Garcez, de família tradicional, quando presidente da Cesp (Centrais Elétricas de São Paulo), fora procurado por Câmara para lhe pedir uma atenção a seu filho Roberto, formado pela Escola Politécnica. Roberto não conseguia emprego porque, ao preencher os formulários, aparecia o nome do pai, já conhecido como "Toledo", chefe da ALN. Garcez recebeu Roberto, dizendo que devia se orgulhar do pai, e deu-lhe um emprego. Em seguida, ligou para o presidente Médici:

— Estou dando um emprego, na Cesp, a Roberto Câmara Ferreira, filho de Joaquim Câmara Ferreira. Se ele for recusado, eu me demito.

No dia do enterro, a polícia foi a primeira a chegar ao Cemitério da Consolação para fotografar os presentes; mesmo assim, muitos estavam lá, papai inclusive.

Logo que a notícia da morte de Câmara se espalhou, a primeira providência de papai foi tirar o rádio do quarto de mamãe, no hospital, e avisar aos amigos que não contassem a ela. Papai costumava requisitá-la para exercícios, como pôr uma prancheta diante dela para que escrevesse algumas palavras ou mostrar-lhe objetos para identificar. No dia em que Câmara morreu, pegou um chaveiro e lhe perguntou:

— O que é isso?

— Meu chaveiro.

— Quem te deu de presente?

— O Câmara. — Em seguida, pegou o chaveiro e enfiou a argola no dedo médio. Passado um tempo, com medo de que mamãe inchasse e depois ele não conse-

---

O engenheiro Roberto trabalhou durante toda a sua vida na ilha Solteira, onde se aposentou.

Reali Júnior escreveu uma crônica, em 17 de maio de 1982, sobre a morte de Lucas Nogueira Garcez, na qual narra a amizade entre o ex-governador e Câmara Ferreira:

> [...] Ali estavam dois homens mais ou menos da mesma idade, da mesma cidade, filhos de pais compadres, que dormiram no mesmo quarto, contemporâneos da mesma faculdade, separados pelo destino e opções de vida.
> Até o fim havia flores de um desconhecido no Cemitério da Consolação: no túmulo de Joaquim Câmara Ferreira, o Toledo. [...] Hoje, o túmulo de Toledo amanheceu sem flores.

guisse tirar a argola de seu dedo, tentou reavê-la. Ela protestou:

— Não.

Papai insistiu e ela fechou a mão.

— Vamos, Raquel, me deixe tirar.

Ela firme.

— Por que não?

— Porque agora é uma relíquia.

Papai me contou essa história na noite em que ela morreu — um mês depois do meu padrinho. Tínhamos saído para jantar, depois de ter passado o dia ao lado de mamãe, até seu último suspiro.

Como iríamos sobreviver sem ela?

Avisei a meu irmão e, em seguida, a Sara Becker[*]

---

[*] A brasileira Sara Becker de Mello tem o prontuário 1765 do Deops, em São Paulo, fichada como judia e comunista convocada a apresentar-se várias vezes na Delegacia de Ordem Política e Social nas décadas de 1930 e 1940. Na síntese constante no livro da Coleção Inventário Deops — *Bolchevismo e judaísmo* — módulo VI — Comunistas, de Taciana Wiazovski, sob a organização de Maria Luiza Tucci Carneiro, consta que Sara se casou com Murilo Teixeira de Mello, tido pela polícia como "conhecido comunista com quem [Sara] morou no Rio de Janeiro", onde também foi investigada. Tanto nesse quanto no livro da também Maria Luiza Tucci Carneiro — *O antissemitismo na era Vargas: Fantasmas de uma geração (1930-1945)* —, fica claro o mito de um complô judaico-comunista por parte das instituições brasileiras nessa época.

A polícia ficava atenta sobretudo aos imigrantes do Leste Europeu, pois, segundo a versão oficial, tinham sido particularmente afetados pelo ideário que culminou com a Revolução Russa de 1917 [...]
A mulher, por sua vez, se contestasse o regime [brasileiro], ainda

sobre a morte de mamãe. Ela e seu marido, o advogado Murilo Mello, ativistas desde 1930, me pouparam e assumiram a árdua tarefa de avisar a todos da morte de Raquel.

No cemitério, ao lado da cova de mamãe, estava sendo enterrado um japonês. As lágrimas me escorriam sem parar. Voltei-me para o amigo Pedro Paulo, psiquiatra dela, e, entre risos e soluços, avisei:

— Não dou meia hora para ela entrar num papo dos mais animados com esse japonês.

Ou ela não seria minha mãe.

---

sofria com as tradições machistas cristãs que a avaliavam como desagregadora e ameaçadora da instituição familiar, imagem oposta à da mãe de família, envolvida apenas com o bem-estar de seus filhos e do seu lar. (*Bolchevismo e judaísmo*)

Capítulo XXXVII

No final daquele maldito ano de 1970, papai insistiu que eu fosse a Paris para cumprir minha bolsa. Ele pagaria a passagem. Com direito a férias na revista *Desfile*, pedi mais um mês de licença não remunerada e me preparei para viajar. Precisava ficar longe deste país, e marquei a partida para janeiro de 1971.

Pedi a um despachante para tirar meu visto e ele voltou apavorado, dizendo que eu tinha de ir pessoalmente ao Dops. Problemas. Convoquei para ir comigo minha amiga Isolda Cresta, atriz que estivera presa no Dops e, sempre extrovertida, fizera amizade com o delegado Mário Borges. Nos anos de chumbo, era preciso alguma coragem para visitar aquele antro de torturas. Ao chegar lá, enquanto esperávamos num dos corredores que davam para o pátio interno, foi me baixando uma melancolia: era a lembrança dos dias em que ali estivera, durante o Estado Novo, pedindo por minha mãe.

Mário Borges apareceu com seu porte truculento e foi logo me inquirindo:

— Você vai para a Ilha?

— Que ilha? — perguntei, inocente. (Era como os

estudantes costumavam se referir a Cuba, porém eu não sabia.)

Ele me deu um sorriso maroto. Reclamou da minissaia de Isolda, aconselhando que ela se vestisse como eu, sobriamente. Nervosa, ela tentou abaixar uma saia que se negava a sair do lugar. Depois de mais algumas palavras banais, nos despedimos com meu visto no passaporte.

Quando voltamos à rua, estávamos com a boca seca. E nem sequer procuramos outro lugar que não o bar em frente ao Dops, coalhado de tiras, para tomar um guaraná.

Comecei a procurar outro apartamento, pois o proprietário do meu pedia um aluguel extorsivo. Encontrei um no mesmo bairro do Jardim Botânico. Tudo arranjado, quando fui assinar o contrato, o advogado do novo proprietário me recusou. Meu fiador era o jornalista Newton Carlos, que ele alegou ser da "turma" de *O Pasquim* e, portanto, nada confiável.

Fiquei na rua. Fui obrigada a deixar minha mobília num guarda-móveis e morar no apartamento de Newton Carlos com meu filho até a data da partida. Durante minha ausência, Vinícius ficaria com os avós paternos.

Assim que cheguei a Paris, em janeiro de 1971, escrevi uma carta anônima, contando como Câmara fora preso e assassinado no sítio do delegado Fleury e a entreguei para um contato com exilados; até então, eles ignoravam as informações. O Partido Comunista na época espalhara que ele morrera do coração no momento da prisão.

Foram dias muito melancólicos, apesar de Paris. Retornei dois meses depois, e me mudei para um apartamento na rua Fonte da Saudade, em cima de uma padaria. O chão de meu quarto, sobre o forno, estava sempre morno, mas, no conjunto, era simpático e tinha uma varanda para estender minha rede.

Quando parecia que minha vida voltaria ao normal, recebi intimação de um capitão da marinha para responder a um IPM no Cenimar, no mesmo dia em que retornei ao trabalho, na revista *Desfile*. Um dedo-duro da empresa avisara de meu retorno, pois o ajudante de ordens que me entregou a intimação alegou que, por não me encontrarem, eu já ia sendo dada como revel.

O IPM ainda era sobre meu tempo no Partidão, do qual me afastara em 1967. Dele constavam os nomes do poeta Ferreira Gullar (foragido), do dramaturgo Dias Gomes, do crítico de cinema Alex Viany, do ator Rafael de Carvalho e do filósofo Leandro Konder, que estivera preso e fora torturado. Comecei a ligar os fatos. Uma vez solto, Leandro, antes de eu viajar a Paris, mandara me avisar que confirmara meu nome, ao DOI-Codi, como tendo assistido ao VI Congresso Cultural do PCB. Meu nome já fora dado por outro preso.

Compareci ao prédio do Cenimar, ao lado da praça Mauá, no dia marcado para o interrogatório. Diante de um coronel e de um civil, este um conhecido torturador pernambucano, eu segurava um isqueiro dourado na mão para disfarçar a tensão, e que acabou todo descascado. O episódio me lembrou o último interrogatório pelo qual papai passara, em 1968. Ele estava com uma feridinha na ponta do nariz e, de tanto mexer nela para mostrar naturalidade, enquanto respondia às perguntas, saiu de lá com uma cratera no meio do rosto. Ríamos muito desse fato.

Neguei todas as acusações, inclusive a de confirmar a presença de Ferreira Gullar no VI Congresso do Partido Comunista, pelo fato de estar foragido, como fora combinado em reunião pelos outros companheiros de IPM. Era uma diretiva do Partido pôr a culpa em quem estava fora do país. O coronel ameaçou me mandar para a ilha das Flores, onde já estava preso Rafael de Carvalho, por também ter negado tudo.

Apesar de terem sido duros comigo, não senti medo. Em 1971, ainda não chegara a vez do PCB de ser aniquilado. A repressão estava mais preocupada com a luta armada. O coronel disse não entender como eu, uma burguesa moradora na Lagoa, era comunista. Ele tinha uma pasta à sua frente na qual, além da minha, deviam estar fichas de meus pais. Mais adiante, estranhamente, revelou saber que eu trabalhava duro para sustentar meu filho e não seria nada bom perder o emprego. Sabia meu codinome no referido Congresso e insistiu para que admitisse ser eu. Enfim, sabiam. Não tudo, felizmente.

Prenderam-me numa cela, irritados com minhas negativas. Será que eu iria para a ilha das Flores? Na cela havia uma cadeira e uma mesa com uma página qualquer de jornal sobre ela. Sentei-me e fiquei pensando. Ficaria presa só por não querer confirmar a presença de Gullar e a de Leandro Konder no VI Congresso, quando todos os outros, com exceção de Rafael de Carvalho, já o haviam feito? Minha teimosia podia acabar mal. Tirei uma caneta da bolsa e, mal começara a escrever um depoimento que fosse o mais inofensivo possível, nas bordas brancas do jornal, um oficial me perguntou, pela janelinha do xadrez, se eu queria papel. Abriu a porta de ferro e me entregou algumas folhas em branco.

"Era um clima de festa", escrevi. "Sanduíches, bebidinhas, e muito blá-blá-blá. Fui até lá por se tratar de uma reunião de artistas e intelectuais e precisar de apoio para liberar a peça de Brecht, *A mãe*, que eu traduzira do francês e não conseguia liberação da censura. Lembro-me de lá estarem Ferreira Gullar e Leandro Konder."

O caso da peça de Brecht era verdade, embora não tenha sido por isso que eu estivera lá. Aleguei não saber onde fora a reunião, pois eu era de São Paulo e morava havia poucos anos no Rio. Só me recordava de ser uma casa de frente para o mar.

Desconfio que o coronel do IPM se sentiu bastante aliviado por não ter de me mandar para a ilha das Flores. Ele aceitou minha "confissão".

Fui liberada, sob o compromisso de comparecer todas as sextas-feiras ao Cenimar, às 14h, e assinar um livro de presença. Durante meses, deixavam-me sentada, num corredor, até aparecer um oficial com um enorme caderno. Eu datava e punha minha assinatura. Nessa época quem dirigia a revista *Desfile*, interinamente, era Carlos Heitor Cony, que nunca desconfiou nem reclamou de meus atrasos da hora de almoço, pós-Cenimar. Nem nunca reclamaria, mesmo se soubesse. Sou testemunha da solidariedade desse escritor e jornalista, apelando mesmo para a ajuda de Adolfo Bloch, influente dono da empresa, quando necessário, para localizar algum colega preso.

O IPM não foi suficiente para abrirem um processo judicial, e um segundo foi aberto, dessa vez com acareação entre Dias Gomes, Rafael de Carvalho, Alex Viany, eu e Leandro Konder, que ali estava como nosso "acusador". Leandro negou acusações anteriores, arrancadas sob tortura, e acabamos todos confirmando que éramos amigos. Tão só. Eu, por exemplo, disse que, se encontrava Leandro por acaso, conversávamos sobre política, principalmente internacional. Dias Gomes, sempre simpático, ria muito, como era de seu jeito, tranquilo por já ser um bem-sucedido novelista da TV Globo.

Esse IPM dos Intelectuais, como era chamado, também foi rejeitado pela Justiça. Não fomos processados.

Capítulo XXXVIII

Deixei de me interessar pela política institucional e só pensava na clandestina, que era exercida sob o medo de prisões, torturas, assassinatos e desaparecimento de opositores. Sofria pelos amigos e pelos que não conhecia. Admirava a bravura, o risco que corriam em suas ações, principalmente para libertar companheiros encarcerados.

Como não sofrer pelo que fizeram a Eduardo Leite, o Bacuri, da ALN, preso depois de ter comandado o sequestro do embaixador alemão, em junho de 1970, que conseguiu libertar quarenta presos políticos?

Bacuri foi preso em agosto do mesmo ano, no Rio de Janeiro, e ficou na mão de torturadores durante cem dias. Em 7 de dezembro, Lamarca chefiou o sequestro do embaixador suíço, exigindo a soltura de setenta presos. Sabedores de que quase certamente Bacuri estaria na lista, o Dops de São Paulo enviou uma nota para os jornais, anunciando sua fuga. No dia seguinte, com pernas e braços quebrados, olhos vazados, orelhas decepadas, enquanto policiais o tiravam da solitária e arrastavam pelo corredor, os companheiros presos gritavam:

— Assassinos! Assassinos! Bacuri, vão te matar...

Ele sabia. Os policiais tinham lhe mostrado os jornais anunciando sua fuga. Dias depois, a morte de Bacuri seria publicada como tendo sido num tiroteio. Era assim que a repressão encobria assassinatos e desaparecimentos sob tortura.

Como esquecer o amigo Mário Alves, jornalista e intelectual, expulso do PCB junto com Jacob Gorender e Apolônio de Carvalho, fundadores do PCBR? Mário fora brutalmente espancado e empalado com um cassetete denteado, seu corpo esfolado com uma escova de arame; morreu, na mesma noite da prisão, ao ser abandonado sangrando no chão e pedindo água. Queriam que ele desse seu endereço, a primeira coisa que exigem de um preso. Mário não podia: morava com a mulher e a filha. Disse isso mil vezes aos torturadores. E que sabia o que eles faziam com as mulheres. Entrou para a lista dos desaparecidos políticos.

Dilma, mulher de Mário, lutou até morrer para saber do seu paradeiro e incriminar o Estado por sua morte. Lucinha, a filha, prosseguiu nessa batalha. Em 1987, pela primeira vez na Justiça, elas conseguiram que a União reconhecesse a responsabilidade civil pela morte e desaparecimento de Mário Alves.

Como esquecer do deputado cassado Rubens Paiva, desaparecido em 20 de janeiro de 1971, depois de preso, sob acusação de ter recebido uma correspondência de exilados chilenos? A repressão montou uma encenação ao publicar ter Rubens Paiva fugido, resgatado por companheiros no Alto da Boa Vista, no Rio, quando estava sendo transferido de cadeia.

Logo depois desse sequestro, no mesmo mês e ano, eu fui a Paris e, lá, na Rue Mouffetard, ao fazer uma compra com um feirante, ele me perguntou de onde eu era:

— *Brésil.*

— *Ah, le pays de la torture?*

— *Oui, monsieur. C'est vrai.*

O feirante ouvira as denúncias de "Dom Camarra" (Dom Helder Câmara) em discurso para uma multidão, num estádio parisiense.

O Partido Comunista Brasileiro também não escapou, apesar de sua linha pacífica. Antigos militantes, como Luís Maranhão, João Massena e David Capistrano, foram mortos e constam da lista de desaparecidos políticos desde 1974. O mesmo ano em que o exército massacrou a Guerrilha do Araguaia (PCdoB). Chegavam ao fim o governo Médici e os "anos de chumbo".

O general Emílio Garrastazu Médici assumira a presidência em 1969, prometendo uma redemocratização. Durante seu governo, impingiu-nos a campanha patriótica "Ame-o ou deixe-o" e o "milagre econômico brasileiro", período da maior concentração de renda já vista no país. A classe média, eufórica, endividava-se para ter apartamento, carro e casa de praia, enquanto o salário-mínimo diminuía 15%, depois de já ter caído 25% a partir de 1964.

O "milagre brasileiro" desencadeou ainda o maior fluxo migratório, com trabalhadores sendo expulsos das propriedades rurais, onde viviam há gerações, devido à alteração do Estatuto do Trabalhador Rural, em 1973. Enquanto parte da onda migratória era absorvida pela construção civil, que não exigia escolaridade, outra inchava as cidades, aumentando favelas e a miséria de seus habitantes.

A grande concentração de renda permaneceu com índices entre os piores do mundo, até hoje.

Capítulo XXXIX

Ao retornar de uma viagem a trabalho, no dia 13 de setembro de 1973, tive a notícia mais trágica sobre a América Latina: o golpe militar do general chileno Augusto Pinochet e a consequente morte de Salvador Allende, então presidente do país.

O Chile era um país invejado por nossos corações de esquerda. Com bom nível político e alta escolaridade da população, o país praticava com Allende a primeira experiência de socialismo sem recorrer a uma revolução.

Fundador do Partido Socialista do Chile e senador durante 25 anos, Allende tentara e perdera a presidência em três eleições, só vencendo na quarta, em 1970, a partir de uma coalizão da esquerda — a Unidade Popular. Ele definia o socialismo chileno como libertário, democrático e pluripartidário. A "via chilena para o socialismo" era uma transição pacífica com respeito às normas constitucionais.

Salvador Allende nacionalizou bancos, minas de cobre e algumas grandes empresas. O Estado chegou a controlar 60% da economia. Em decorrência, passou a sofrer pesadas pressões norte-americanas e de grupos

246   VERA GERTEL

empresariais internos, criados pela CIA, como a organização Patria y Libertad, de extrema direita.

O poder do presidente Allende, porém, era vulnerável, pois ele não contava com a maioria do Congresso, controlado pela Democracia Cristã e o Partido Nacional, ambos de direita. O Poder Executivo ficou isolado. Com a ajuda da oposição chilena, o presidente Richard Nixon e seu secretário de Estado, Henry Kissinger, atuaram diretamente na derrubada do presidente Allende.

Para os Estados Unidos, "só poderia haver uma coisa pior do que um marxista no poder — um marxista eleito no poder" (William Blum, *Killing hope*).

Mesmo com as ameaças de golpe e dificuldades para governar, Allende se recusou a fechar o Congresso, apesar da exigência do povo nas ruas. Como escreveu Gabriel García Márquez em *Chile, el golpe y los gringos*, em 1974, um ano após o golpe de Pinochet:

> [...] O presidente Salvador Allende compreendeu então, e o disse, que o povo tinha o governo não o poder. Frase mais alarmante porque Allende levava dentro de si uma amêndoa legalista que foi a semente de sua própria destruição. Um homem que lutou até a morte na defesa de legalidade, teria sido capaz de sair pela porta da frente de La Moneda, de cabeça erguida, se o Congresso o houvesse destituído dentro dos parâmetros da Constituição [...].

Não seria preciso aniquilar Salvador Allende e seus colaboradores, se a política de segurança dos Estados Unidos não fosse a de extermínio de toda a esquerda latino-americana. "Quatro meses depois do golpe", continua García Márquez, "o balanço era atroz: quase 20 mil pessoas assassinadas, 30 mil prisioneiros políticos submetidos a torturas selvagens, 25 mil estudantes expulsos de suas universidades e mais de 200 mil operários demitidos."

Exilados eram perseguidos e mortos nos países em que se refugiavam. Foi o caso do general Carlos Prats, ex-comandante do exército chileno, morto com a esposa em setembro de 1974, num atentado à bomba, em Buenos Aires, onde moravam. Mais tarde, comprovou-se que esse assassinato fora cometido pela polícia secreta de Pinochet, a Dina, e liderado pelo americano Michael Townley, "ex-agente" da CIA.

Prats fora nomeado comandante em chefe das Forças Armadas pelo presidente Eduardo Frei, logo após o assassinato de seu antecessor e amigo, o general René Schneider, numa provocação da CIA contra a futura posse de Salvador Allende. Continuou no cargo durante o governo de Allende, de quem foi também ministro do Interior, ministro da Defesa e vice-presidente da República — um militar legalista que se recusava a participar de qualquer golpe de Estado. Obrigado a renunciar, foi substituído pelo general golpista Augusto Pinochet.

Michael Townley e a Dina foram também responsáveis pelo assassinato do ex-chanceler do governo

248   VERA GERTEL

Allende, Orlando Letelier, em 1976, em Washington. Com ele, morreu sua assistente, Ronni Muffet, cujo marido escapou.

Os golpes que assolaram a América Latina na década de 1970 não podiam deixar de fora a Bolívia, o país sul-americano mais miserável e recordista em golpes de Estado: 189 tomadas de poder desde sua independência, em 1825. Apesar de a grande maioria dos líderes militares na América Latina estar associada à direita, o general Juan José Torres, na Bolívia — como seus contemporâneos os generais Juan Velasco, no Peru, e Omar Torrijos, no Panamá —, adotou uma posição de esquerda. Ao assumir o poder, em 1970, Torres conclamou uma Assembleia do Povo com representação de mineiros, professores, estudantes e camponeses. Seus opositores chamavam tais representações de "sovietes".

O general Torres permitiu que o lendário líder dos trabalhadores bolivianos, Juan Lechín, trotskista, assumisse a Central Operária Boliviana. Mas não teve tempo de dar ao país a estabilidade política tão necessária. Enquanto a direita o acusava de levar a Bolívia para o comunismo, a esquerda ainda não se sentia satisfeita por ter à frente um presidente militar, considerado, por isso, incapaz de ir mais longe nas reformas. Em menos de um ano, um sangrento golpe de Estado destituiu Torres do poder, apesar da maciça resistência, tanto civil como militar. Torres foi substituído pelo general Hugo Banzer e teve de fugir do país, estabelecendo-se em Buenos Aires no fim de 1971.

Com o golpe militar na Argentina, em 1976, Torres foi sequestrado e assassinado pela Operação Condor. Tal operação político-militar envolvia o Brasil, a Argentina, o Chile, a Bolívia, o Paraguai e o Uruguai, por iniciativa do general Pinochet. O objetivo da Operação Condor era liquidar opositores exilados nos seis países do Cone Sul.

Apesar da curta duração do governo Torres, ele ainda é reverenciado pelas camadas mais pobres da população boliviana. Seu corpo foi repatriado, em 1983, com honras de chefe de Estado. Ao seu funeral compareceram milhares de bolivianos. Uma tragédia tipicamente latino-americana.

O Uruguai, outrora chamado de "Suíça sul-americana", pelo bem-estar de seu povo, alcançara, durante a Segunda Guerra, um momento de excelente situação econômica, graças à venda de carne para os países em conflito. Com o fim da guerra, a elite pecuarista preferiu aplicar seus lucros em bancos internacionais e abrir o mercado a produtos importados. Houve queda de bens industriais, além de uma grande desvalorização do peso, provocada pelos dólares enviados para fora. Uma pobreza crescente teve início.

Os Tupamaros, no Uruguai, talvez tenham constituído o movimento mais longo e consequente contra as elites ditatoriais latino-americanas. Ao contrário dos Montoneros, na Argentina, cultivaram uma ideia romântica. Fundado por Raúl Sendic, um advogado marxista que primeiro sonhou com reformas pacíficas, organizando os canavieiros em sindicatos, o Movimento de Libertação Nacional (MLN-Tupamaros) iniciou suas atividades nos anos 1960. Seu nome inspirou-se no herói revolucionário inca, Tupac Amaru II, líder da última rebelião indígena, torturado e executado pelo colonialismo espanhol em 1781.

Os Tupamaros iniciaram sua ação assaltando bancos e grandes empresas para distribuir comida e dinheiro aos pobres de Montevidéu. Quando a repressão aos canavieiros se fez violenta, Sendic viu que jamais alcançaria seus objetivos pacificamente.

Com a ascensão de Jorge Pacheco Areco ao poder, em 1967, e o aumento da simpatia pelos Tupamaros — eles chegaram a ter 5 mil militantes numa população de cerca de 3 milhões de habitantes —, o presidente decretou uma forte repressão aos trabalhadores e estudantes, além do estado de emergência e lei marcial, em 1968. Durante essa crise, os militantes fizeram seu primeiro sequestro político: Ulysses Pereira, o presidente da Companhia Estatal de Telefonia, figura impopular e cujo rapto foi amplamente saudado pelo povo. Quando a polícia invadiu a Universidade de Montevidéu à procura dos sequestradores, eles o soltaram cinco dias depois. Em setembro de 1969, sequestraram um grande banqueiro e o mantiveram por semanas a fio, em apoio a uma greve de funcionários de seu banco.

Em 1970, tornaram-se mundialmente conhecidos ao sequestrarem Dan Mitrione, agente do FBI enviado para treinar a polícia do continente sul-americano em torturas, e o cônsul brasileiro Aloísio Gomide. Ironicamente, como declarou Raúl Sendic, numa posterior entrevista, eles não sabiam que Mitrione era um torturador. Pensavam que fosse um especialista em repressão a greves e o confinaram em retaliação a mortes de estudantes. Mitrione, como consta do livro do jornalista e escritor A. J. Langguth, *A face oculta do terror*, já havia trabalhado junto à polícia brasileira, de 1960 a 1967, primeiro em Belo Horizonte, depois no Rio de Janeiro, ensinando práticas de tortura, especialmente choques elétricos. (Consta ter sido ele o inventor da terrível maquininha.) Quando o governo uruguaio se recusou a trocá-lo por 150 prisioneiros, os Tupamaros o mataram. Segundo Raúl Sendic, em suas memórias escritas 17 anos depois, os militantes não pretendiam matá-lo, mas mantê-lo indefinidamente. Com a prisão de Sendic e de outros líderes pela polícia em busca do esconderijo de Mitrione, o grupo sequestrador perdeu contato com seus líderes e se decidiu pela morte. Um filme sobre esse sequestro foi realizado por Costa-Gavras, *Estado de sítio*, com Yves Montand no papel do sequestrado.

Dan Mitrione havia construído, na garagem de sua casa em Montevidéu, um ambiente à prova de som para ensinar o funcionamento de sua maquininha aos policiais uruguaios, para saberem até onde podiam ir para arrancar informações, sem matar as vítimas. Usou quatro mendigos, entre eles uma mulher, nas demonstrações. Após a experiência, todos foram mortos para não deixar rastros.*

O cônsul brasileiro foi solto oito meses depois, em troca de 250 mil dólares, levantados por sua mulher.

Os Tupamaros chegaram a declarar um cessar-fogo, em 1971, para participar das eleições, através de uma Frente Ampla, mas o eleito foi o proprietário rural Juan María Bordaberry, que suspendeu as liberdades civis e declarou estado de guerra interno contra os Tupamaros. Com mortes, prisões e torturas, os remanescentes tiveram de sair do país e, em 1972, estavam enfraquecidos. Bordaberry fechou o Congresso e implantou uma ditadura com a ajuda dos militares, que a prolongaram até 1985.

A última ditadura militar na Argentina — 1976-83 — em sete anos deixou, entre mortos e desaparecidos, um saldo de 30 mil. Enviados a um dos 250 centros de detenção espalhados pelo país, os presos eram interrogados sob tortura, assassinados, seus corpos enterrados em covas desconhecidas ou atirados de um helicóptero em alto-mar. Só a Esma (Escuela

---

* Livro do agente duplo cubano Manuel Hevia Cosculluela, *Pasaporte 11333: Ocho Anos com la CIA*, Havana, 1978. "Dan Mitrione, um maestro de la tortura", jornal *Clarín*, 2 de setembro de 2001.

de Mecánica de la Armada) desapareceu com 5 mil argentinos, entre os quais meu amigo Luís Gagnini, jornalista do *Clarín*. A Argentina, antes um país conceituado nos âmbitos político e econômico, desastradamente empobreceu.

"Quanto mais rápido vocês tiverem sucesso, melhor", aconselhara Henry Kissinger ao chanceler argentino, o almirante César Guzzetti, em outubro de 1976, no hotel Waldorf Astoria de Nova York. A pressa era para calar as acusações de furiosa repressão que, desde o golpe, chegavam ao Congresso americano. "O que nos Estados Unidos as pessoas não entendem é que vocês estão numa guerra civil", continuou Kissinger. "Se vocês puderem terminar antes que o Congresso recomece as sessões, ótimo." O pedido de Kissinger estava ligado a uma ajuda de 8 milhões de dólares do Banco Interamericano de Desenvolvimento (BID). A conversa só veio a público décadas depois, quando da abertura dos documentos do National Security Archive.

Henry Kissinger, que sob a presidência de Richard Nixon derrubara Allende em 1973, esteve no Brasil, em fevereiro de 1976, como secretário de Estado do presidente Gerald Ford. Na ocasião, a estilista de moda Zuzu Angel conseguiu romper o cerco da segurança para entregar-lhe um dossiê sobre seu filho, Stuart Angel Jones, morto sob tortura aos 25 anos, porém dado como desaparecido. A luta de Zuzu Angel para revelar ao mundo o massacre do filho fora incessante, com relatórios enviados para congressistas dos Estados Unidos, uma vez que Stuart tinha cidadania americana por causa do pai.

Depois do "atrevimento" por furar o cerco do inalcançável Kissinger, Zuzu perdeu a proteção que lhe era dada pela embaixada dos Estados Unidos. Mais do que nunca, Zuzu precisava aparecer na mídia, mesmo sob censura. Publiquei na revista *Desfile* um texto ilustrado do seu último desfile, em que vestidos eram estampados de anjos voando, uma marca que a estilista deixou para lembrar o filho Angel. Em abril de 1976, dois meses após aquele "atrevimento", ela apareceu assassinada em um forjado desastre de automóvel, no Rio de Janeiro, na saída do túnel que hoje leva seu nome.*

O golpe argentino não aniquilou "apenas" 30 mil pessoas. Prendeu e torturou milhares de outras e sequestrou quinhentos bebês, filhos de desaparecidos políticos, dos quais apenas 75 foram recuperados.

A junta militar destruidora da Argentina era constituída pelo general Rafael Videla, o almirante Emilio Massera e o brigadeiro Orlando Agosti. Segundo um dos documentos do Arquivo Nacional de Segurança dos Estados Unidos, eles usaram em sete anos de po-

---

* *Direito à memória e à verdade: Comissão Especial sobre Mortos e Desaparecidos Políticos*. Brasília: Secretaria Especial dos Direitos Humanos, 2007: Número do processo Zuzu na comissão: 237/96.
A comissão deferiu o pedido da família de Zuzu em 25 de março de 1998. A decisão foi publicada no *DOU* em 27 de março de 1998.

der a metodologia do general Ibérico Saint-Jean, outro dos principais integrantes do governo: "Primeiro mataremos todos os subversivos, logo seus colaboradores, depois seus simpatizantes, logo os indiferentes, e finalmente os tímidos."

Antes do golpe, a esquerda peronista já perdera 2 mil membros nas mãos da assassina Triple A, grupo paramilitar comandado por López Rega, "El Brujo", com a aquiescência de Perón. A Triple A continuou atuando no governo de Isabelita, após a morte de Perón, quando "El Brujo" se tornou uma espécie de primeiro-ministro da presidente. Uma vez derrubado o governo de Isabelita, os Montoneros, originários da esquerda peronista, se tornaram o principal grupo armado, depois de absorver as FAR (Forças Armadas Revolucionárias) e o trotskista ERP (Exército Revolucionário do Povo).

Os Montoneros praticaram grandes ações armadas durante a ditadura, mas cometeram graves erros políticos. O maior deles foi o de não recuar diante da brutal repressão sofrida, por excesso de autossuficiência da liderança, sobretudo de Mario Firmenich, então no exílio. O jornalista, escritor e ex-Montonero Juan Gasparini revela no livro *Montoneros, final de cuentas*, o documento de Rodolfo Walsh, célebre jornalista e escritor, responsável pelo serviço de inteligência do grupo, no qual critica a falta de visão de seus membros, antes de seu afastamento. Apesar de nada mais ter a ver com a guerrilha ao ser preso, Walsh declarou-se Montonero e foi assassinado.*

Os paraguaios padeceram a ditadura de Alfredo Stroessner durante 35 anos — de 1954 a 1989. Apoiado pelo único partido político permitido — o Partido Colorado — e o latifúndio, ele impôs um estado de emergência assim que assumiu o governo, suspendendo as liberdades constitucionais. Anticomunista ferrenho, o ditador alinhou-se aos Estados Unidos oferecendo tropas de apoio na Guerra do Vietnã. Mas, por maior e mais violenta que fosse a repressão, a resistência à ditadura não deixou de se organizar e foi uma constante na história do Paraguai, onde prevalecia uma imoral concentração de terras à custa da penúria e da miséria dos camponeses. Do total das terras, 85% estavam nas mãos de apenas 1.549 proprietários — latifúndios de 100 mil hectares dedicados à pecuária e à exploração florestal.

---

* Revolvendo uma velha livraria em Havana, Rodolfo Walsh encontrou bibliografia sobre códigos de comunicação e começou a estudá-los. Logrou assim decifrar a notícia de que se preparava a invasão da baía dos Porcos. Teve grau de segundo oficial nos Montoneros. Em desacordo com o curso político tomado pela direção do grupo, que nunca respondia às suas diferenças expressas por escrito, distanciou-se da organização em 1977. Convencido de que o grupo caminhava para o extermínio, dedicou-se a impulsionar redes clandestinas de imprensa com companheiros e colaboradores. Enviou a famosa "Carta Aberta à Junta Militar". Seu corpo sem vida foi visto na "enfermaria" da Esma por um sequestrado que sobreviveu. Seus restos foram encontrados no cemitério de Chacarita (*Crónica*, 21/12/82). Citado por Juan Gasparini em *Montoneros, final de cuentas*.

Setenta por cento das pessoas que trabalhavam e dependiam da terra não a possuíam (*La lucha por la tierra*, de Carlos Pastore, 1985).

Uma resistência armada foi fundada pelo Partido Comunista: a Frente Unida de Libertação Nacional (Fulna), que acabou derrotada com a ajuda do governo militar brasileiro. Outra luta armada surgiu de uma dissidência do mesmo Partido Colorado, que apoiava o governo. Era constituída por jovens idealistas e nacionalistas abertos a qualquer oposição a Stroessner, incluindo revolucionários estrangeiros. Chamava-se Movimento 14 de Maio (M14) e até hoje procura por alguns de seus desaparecidos em solo brasileiro. Os generais do Brasil daquela época apoiaram o ditador Stroessner.

Durante a presidência de Jimmy Carter — 1977 a 1981 —, a ditadura paraguaia passou a sofrer severas críticas pela violação aos direitos humanos. O próprio exército do Paraguai expulsou o ditador Stroessner do país, em 1989. Ele passou o resto de sua vida no Brasil, sem ser incomodado.

Capítulo XL

Exilada em meu próprio país, fiz da revista *Desfile* um refúgio. Trabalhava arduamente para erguer a publicação, ameaçada de fechar logo em seus primeiros anos.

Eu bem que tentei sobreviver como atriz, antes de optar em definitivo pelo jornalismo. Somei televisão a teatro. Fiz muita peça teatral nas finadas TV Excelsior e TV Tupi, o que não me desgostava. Atuei numa novela na TV Tupi, *O acusador*, em 1965, estreia de Janete Clair como novelista de televisão. Dirigidos por Fábio Sabag, Jardel Filho e eu éramos os protagonistas. Incomodava-me, porém, a falta de ensaios e de qualidade. Constrangia-me a popularidade trazida pela telinha, quando era reconhecida nas ruas, restaurantes, qualquer lugar público em que entrasse. (Certa vez, tive meu nome, ou melhor, o nome da personagem da novela, gritado de um ônibus, quando passava por Ipanema.) Muito diferente do prestígio que o teatro oferece. Nele, há todo um trabalho de criação pelo qual nos gratifica o reconhecimento.

No início dos anos 1970, também Vianna não conseguia sobreviver apenas com o teatro — endividou-se, depois do fracasso da revista musical *Dura lex sed lex, no cabelo só Gumex.* Foi para a televisão. Primeiro a TV Tupi, em seguida a TV Globo. Resolveu se casar pela segunda vez, com Maria Lúcia Marins, dez anos após nossa separação, e apareceu em minha casa para perguntar se eu confirmaria ao padre que nós dois nunca nos casáramos no religioso. Levei um susto: o comunista Vianna ia se casar na igreja?

— Uma vontade de Maria Lúcia.

— Você não disse ao padre que só nos casamos no civil?

— Claro. Mas ele quer que você confirme.

— Por quê? Não acredita na sua palavra?

— Pediu para você ir até a igreja falar com ele.

— Sinto muito, mas lá não vou. Se o padre quiser, pode vir à minha casa.

O padre não apareceu e não sei se ele casou no religioso.

Uma noite, eu voltava do trabalho para casa quando ouvi passos me seguindo. Que diabo! Estava escuro e esperei chegar mais perto de casa para olhar para trás. Era Vianna.

— Que susto! O que você está fazendo aí, atrás de mim?

— Nada. Vinha te olhando.

— Vinícius não deve ter chegado da escola.

— É com você mesma que eu quero falar.

Sentamo-nos na sala de meu apartamento — aquele em cima da padaria — e ele deu início a um papo esquisito, dizendo que Vinícius era muito certinho para a idade dele.

— E você acha isso ruim?

— Não, mas é que a garotada está em outra, até fumando maconha.

Não entendi. Até então, tudo indicava que ele confiava na educação do nosso filho. Ou então, por comodismo, nunca se interessara. Fiquei com a impressão de ser outra a conversa que pretendia ter comigo.

Dias depois, Vianna me procurou na revista *Desfile*, mas eu estava fora, a trabalho. Passado um tempo, um dia encontrei sobre minha mesa na redação um bilhete: "Poderíamos nos encontrar, quando você sair? Preciso lhe falar." Ele estava ensaiando, como ator, uma peça no Teatro Glória, ao lado da Manchete.

Propus tomarmos um guaraná no bar ao lado, mas Vianna preferiu andar pela praça Paris. Estava casado com Maria Lúcia, esperavam o primeiro filho, mas assim que nos sentamos num banco ele soltou a bomba:

— Estou apaixonado por você.

Comecei a rir.

— Estou falando sério. Não consigo tirar você da cabeça.

Que idiotice era aquela?

Vianna continuou a se declarar até eu o interromper:

— Vianna, tua mulher está grávida... Será que você quer fazer com ela o que fez comigo?

Houve uma pausa. Depois, recomeçou a ladainha.

Tentando me livrar daquele imbróglio, fiz sinal, mesmo fora do ponto, para um ônibus qualquer que passava.

Enquanto eu subia os degraus, ainda ouvi:

— Não quero sofrer do coração por sua causa, como sofri por causa da Odete [Lara]. Quase morri. Por favor, não me deixe.

Cheguei em casa aos tropeços e fui direto para o chuveiro. Somei muitas lágrimas à água que escorria por minha cabeça. Sentei no chão do boxe, soluçando e me repetindo: ninguém tem o direito de brincar com os sentimentos dos outros.

Capítulo XLI

Pedro Ivo, filho de Vianna com Maria Lúcia, nasceu, e Vinícius, nosso filho, foi o padrinho. Na verdade, agradava-me a ideia de meu filho ter um irmão.

Em abril de 1973, veio Mariana, a irmã. Nasceu na véspera de Vianna ser operado de um tumor no pulmão, detectado por uma abreugrafia que ele teve de fazer para ser admitido na TV Globo. Fui visitá-lo no hospital. Estava furioso e urrava. Haviam-lhe feito uma drenagem, pós-operatória, sem anestesia. Gritou-me:

— Me enfiaram um tubo no pulmão! Agora eu sei o que é tortura! Se tivesse sido preso e torturado, eu entregava até minha mãe.

Eu sabia a que ele se referia. Ficara impressionado com a morte, sob tortura, de Mário Alves, nosso amigo. Na época, Vianna comentara comigo: "Viu o que vocês aprontaram com essa história de luta armada?" Para ele, e para alguns outros militantes do PCB, a culpa pelos assassinatos da ditadura era dos adeptos da guerrilha. Como então explicar a morte de dirigentes do PCB, após o fim da luta armada?

Vianna recuperou-se da cirurgia. Retomou a escrita de *Rasga coração* e o programa de televisão, *A grande família*, para a TV Globo, que escrevia com Armando Costa.

No início do ano seguinte, 1974, apareceram os nódulos. A TV Globo resolveu mandá-lo para Houston, nos Estados Unidos.

Foi quando Deocélia, mãe de Vianna, me ligou:

— Estão roubando o seu filho. Vianninha está fazendo um testamento, deixando metade dos bens para Maria Lúcia e a outra metade dividida pelos três filhos. É injusto com Vinícius. Você precisa falar com ele.

Marquei um encontro com Vianna na praia, no dia em que ele embarcaria para Houston.

Não parecia nem um pouco doente. Animado, elogiou a TV Globo pela providência da viagem; podia ficar bom nos Estados Unidos. E, mais uma vez, quis me certificar (ou a ele?) de que o PCB adotara a linha certa ao condenar a luta armada. Achei inútil discutir, uma vez que, armada ou pacífica, àquela altura estávamos todos derrotados. Preferi tratar do futuro de meu filho.

— Se você está fazendo um testamento, Vianna, por que não dividir tudo (apartamento, direitos autorais) em quatro partes iguais? Caso contrário, Vinícius ficará com um terço da metade.

Ele prometeu pensar e mudou rapidamente de assunto. Queria que eu fosse com ele para um motel. Mas que ideia fixa! Como eu recusasse, me mostrou três protuberâncias saltadas de seu peito:

— Olha o inimigo. Passa a mão neles.

Eu não quis. Agarrou minha mão e a fez passar pelas três saliências. Não posso dizer o que senti. Corri para o mar e ele veio atrás, insistindo no motel. Mergulhei. Quando saí, ele me esperava à beira d'água, querendo me abraçar. Antes de ir embora, fiz um último apelo:

— Vianna, por favor, divida o testamento em quatro partes iguais.

— Vou falar com Maria Lúcia — foi a resposta.

Faltou lembrar a ele que Vinícius não era filho dela. Seria preciso?

Dos Estados Unidos, me escreveu um bilhete: tomava uma droga soviética, estava tudo bem. Nem uma palavra sobre a mudança no testamento. Tive um ataque de fúria. Escrevi-lhe uma carta dura, na qual insistia em minha proposta e dizia que ele nunca se comportara como pai. Que não esquecesse ser Vinícius seu filho mais velho, e talvez o único que se lembraria dele para sempre, uma vez que estava com 16 anos (Pedro Ivo tinha 2, Mariana, 1).

Depois, fiquei com remorsos. Era muito confusa e dramática a situação. De qualquer modo, não se escreve uma carta daquelas a quem está morrendo. Tínhamos sido sempre amigos, por que não continuar assim? Mas não era justo defender meu filho? Se não o fizesse, também teria remorsos. Ele me respondeu com uma carta mais dura ainda.

Quando voltou dos Estados Unidos, nosso filho e Deocélia foram esperá-lo no aeroporto. Vianna chegou péssimo. Os americanos costumavam testar drogas novas nos casos terminais, com desagradáveis efeitos colaterais. Telefonei para ele. Só queria cumprimentá-lo, mas ele reclamou de minha carta; então, pedi-lhe que esquecesse tudo.

Três meses depois ele morria, aos 38 anos, sem ver montada a melhor de suas peças, só liberada cinco anos depois: *Rasga coração*.

Não mudou o testamento.

Este meu testemunho conta com testemunhas ainda vivas.

Capítulo XLII

Talvez pelo fato de o governo do general Emílio Garrastazu Médici ter sido o período mais duro da ditadura militar, seu sucessor, o general Ernesto Geisel, assumiu a presidência com promessas de uma "distensão lenta, gradual e segura", o que não impediu recuos autoritários e brutalidades contra as organizações clandestinas e o PCB.

"Em 1974, chegou ao apogeu a política de extermínio de presos políticos. As versões oficiais já não produziam mortos em tiroteios, fugas ou suicídios farsescos nas cidades. Geisel sabia dessa política." Em sua obra sobre a ditadura militar, o jornalista Elio Gaspari transcreve um diálogo entre o general Ernesto Geisel e seu chefe de segurança, o tenente-coronel Germano Arnoldi Pedrozo, no volume *A ditadura derrotada*. Ao saber que um grupo de pessoas vindas do Chile passara pela Argentina e havia sido capturado no Paraná, perguntou:

— Pegaram alguns?

— Pegamos. Pegamos. Foram pegos quatro argentinos e três chilenos — respondeu Pedrozo.

— E não liquidaram, não?

— Ah, já, há muito tempo. É o problema, não é? Tem elemento que não adianta deixar vivo, aprontando. Infelizmente, é o tipo da guerra suja em que, se não lutar com as mesmas armas deles, se perde. Eles não têm o mínimo escrúpulo.

— É, o que tem que ser feito nessa hora é agir com muita inteligência, para não ficar vestígio nessa coisa — falou Geisel.

A conversa foi em 18 de janeiro de 1974, dois meses antes da posse de Geisel, eleito no ano anterior.

Em outubro de 1975, morria Vladimir Herzog, em uma dependência do DOI-Codi, em São Paulo. Fui com Heloneida Studart, minha colega na Bloch Editores, a um ato de vigília pela morte do jornalista, na ABI. Estávamos com as cabeças cobertas por lenços a fim de dificultar o reconhecimento pelos policiais presentes no evento.

Menos de três meses depois, morria, no mesmo local, o operário Manoel Fiel Filho. As mortes foram apresentadas como suicídios, apesar das evidências em contrário. A partir daí, tiveram início protestos contra o governo organizados por estudantes, Igreja, entidades de classe como a Associação Brasileira de Imprensa e a Ordem dos Advogados do Brasil, greves operárias, revelando o cansaço da sociedade com a repressão, a política econômica e a falta de liberdade.

As mortes de Herzog e Manoel Fiel evidenciaram uma "linha dura" do regime contra a redemocratização. Geisel exonerou o comandante do II Exército, Ednardo

D'Ávila Melo. Um ano depois, era demitido o general Sílvio Frota, cuja candidatura à sucessão de Geisel estava sendo articulada pela mesma "linha dura".

Em 31 de dezembro de 1978, dez anos após sua decretação, o AI-5 foi revogado por Geisel. Ao governo dele se seguiu o do general João Baptista Figueiredo, que prometeu fazer "deste país uma democracia". Com a luta pela anistia pelas principais entidades de classe e comitês, tendo à frente, como unificador, o senador Teotônio Vilela, o general Figueiredo decretou, em 1979, a anistia ampla, geral e irrestrita. Mas essa anistia incluiu também os torturadores e assassinos de presos políticos. O governo Figueiredo não escapou de provocações, com vários atentados terroristas da extrema direita militar, entre eles o do Riocentro, em 1981, cujo objetivo de explodir centenas de pessoas foi frustrado.

Mesmo pelo voto indireto, a eleição de Tancredo Neves, em 15 de janeiro de 1985, pareceu um milagre. E era. Um mês depois, ele morria sem tomar posse. Começara mal a tentativa de retorno à democracia. Com muitos erros e poucos acertos, ela acabou por se instalar.

Do sonho por um mundo sem desigualdades, ficou apenas a ânsia.

O livro termina aqui. Não minhas memórias. Delas, conservei o direito de me indignar.

EPÍLOGO

Estas memórias foram até o ano de 1974. Custou-me escrevê-las. O período foi duro. Por vezes, aos soluços, as lágrimas escorrendo mal me deixavam ver as palavras na tela do computador. Uma ou outra vez, pensei que pelo menos poderiam me servir como catarse. Que bobagem. Não há memórias, narradas ou escritas, capazes de nos livrar do sofrimento. A sobrevivência vai ser conseguir conviver com ele.

Meu pai cicatrizou suas feridas após uma depressão, em seguida à morte de minha mãe. Chorávamos escondidos um do outro. Depois, seguiu a vida, substituindo os velhos companheiros caídos na luta por novos, alguns bem mais jovens. Morreu aos 87 anos, enquanto dormia, sem jamais ter perdido o bom humor.

De minha mãe herdei a coragem, a força interior de começar tudo de novo, sempre que se fez necessário. De meu pai, ficou o amor à vida, como também a capacidade de mergulhar com paixão em cada acontecimento político ou existencial. Quantas saudades sinto de nossas discussões, por vezes via interurbano, ele em São Paulo, eu no Rio, sempre aos berros (em parte pela surdez de papai, em parte pela paixão com que defendíamos nossas posições). Ou então, pelo regozijo de lutas ganhas, como a prisão do traidor Pinochet, em Londres: brindávamos, via DDD, à sua saúde, cada qual com seu uísque na mão. Porque, se ele ficasse bom, não seria solto.

Éramos assim.

AGRADECIMENTOS

A Carmem Hanning, pela leitura atenta do texto. Ao meu grupo de terapia do Tortura Nunca Mais pelo tanto que aluguei seus ouvidos com a descrença de que um dia terminaria o livro. A Lena Brasil, pela cobrança intermitente deste trabalho. Ao jornalista Mário Magalhães, autor da biografia de Carlos Marighella, com quem trocava figurinhas enquanto escrevíamos nossos livros.

Este livro foi composto na tipologia
Minion em corpo 12,3, e impresso em
papel off-white, no Sistema Cameron
da Divisão Gráfica da Distribuidora Record.